SER
CREATIVO

SER
CREATIVO

INSPÍRESE.
LIBERE SU ORIGINALIDAD.

BLUME

MICHAEL ATAVAR

Muchas gracias Lucy Warburton, de Quarto, por haber puesto en marcha el libro, y a Stuart Tolley, por el diseño. Gracias a Nick Sunderland por la disección de la palabra ESPELIDES en la sección «Los primeros pensamientos». Gracias a Sgnuj. Gracias también a Roelof Bakker, Alfonso Batalla, Martin Crawley, Neil Robinson y Richard Scarborough. MICHAEL ATAVAR

BLUME

Título original *Being Creative*

Diseño e ilustración Stuart Tolley (Transmission Design)
Traducción Antøn Antøn
Coordinación de la edición en lengua española
Cristina Rodríguez Fischer

Primera edición en lengua española 2019

© 2019 Naturart, S.A. Editado por BLUME
Carrer de les Alberes,52, 2.°, Vallvidrera
08017 Barcelona
Tel. 93 205 40 00 e-mail: info@blume.net
© 2018 Quarto Publishing plc, Londres
© 2018 del texto Michael Atavar

I.S.B.N.: 978-84-17492-57-1

Impreso en China

WWW.BLUME.NET

CONTENIDO

INTRODUCCIÓN

Bienvenido.

Este libro que tiene en sus manos se titula *Ser creativo*. Dese cuenta de que dice «ser», no «aprender a», «volvernos» ni nada parecido. Esas expresiones implican un viaje hacia la creatividad, como si fuera algo que aún no se tuviera. Sin embargo, al usar la palabra *ser*, lo que pretendo es confirmar que ya somos creativos (aunque no lo sepamos aún).

Ser es un estado interno. Es la generosa cualidad de los niños, su disposición al juego, a la exploración y a la libertad. Lo aceptemos o no, lo activemos o no, somos inherentemente creativos.

Salude a su creatividad.

Ser también implica un proceso, y los procesos son un elemento clave de este libro. Puede usar este volumen como si fuera un juego de herramientas, un listado de procedimientos que le ayudarán, paso a paso, en su crecimiento personal.

La creatividad no es otra cosa que nosotros mismos.

Tal vez le resulte chocante leer esto. Después de todo, solemos tratar la creatividad como si fuera algo exento: algo lejano, más una meta que un estado interior. Algo que solo se vislumbrara como una capacidad de los demás. Para mí, la creatividad es algo corriente, como la respiración, lo que se tiene delante: no es algo elevado ni oscuro, sino la visión cotidiana de cada uno de nosotros.

En este libro se abordan cinco grandes áreas: comienzo, proceso, perseverancia, metodología y final, cada una ilustrada con varios ejemplos activos. En lugar de establecer unas normas para que las siga, he incorporado algunas fórmulas experimentales y una serie de posibilidades e ilustrado cada sección con al menos una respuesta surgida de mi propia práctica: un momento en el que aprendí algo, me quedé atascado o logré avanzar.

Espero que mis relatos le sean de utilidad. Suele decirse que la creatividad es sencilla y directa y que se integra con rapidez: no es esa mi experiencia. Para mí, es desafiante. En cualquier caso, la creatividad alberga un gran potencial para el cambio y el desarrollo personal. Nos hace avanzar de forma dinámica. A lo largo de este libro, adquirirá la habilidad y los recursos necesarios para encontrarse con su yo «original».

Un toque radical también resulta útil. Aquí encontrará ejercicios que le desafiarán a hacerse

Para mí, la creatividad es algo corriente, como la respiración cotidiana, lo que se tiene delante: no es algo elevado ni oscuro, sino la visión cotidiana de cada uno de nosotros.

visible, a encontrar su voz. Pruebe a integrarlos con pequeñas acciones. Cuando atraviese un paso subterráneo, llegue a una tienda de revistas o recorra calles llenas de envoltorios desechados, lleve su conciencia a esos acontecimientos, ubicando en cada servilleta abandonada, en cada paso concreto, un pequeño momento de conocimiento interno.

Esta concentración y ese conocimiento son la creatividad. Esta puede lograrse en cualquier momento, incluso ahora, mientras lee estas líneas. Es fácil engañarse a sí mismo y decir que el potencial creativo se encuentra en otra parte: en los ordenadores, en Los Ángeles, en los automóviles de las superestrellas, en Tokio o en las resplandecientes pantallas de televisión. Y, sin embargo, es al revés: comienza con uno mismo. El momento en directo es donde tiene lugar la creatividad.

Empiece con los medios sencillos que tenga delante ahora: no intente retrasar el comienzo para desentenderse de su responsabilidad. Pulse el *play*. ¿Cuál es su realidad actual?

Tome nota de ella y comencemos.

CÓMO UTILIZAR ESTE LIBRO

Este libro está organizado en cinco capítulos y veinte lecciones que abordan los temas más actuales sobre la psicología conductual.

En cada lección se presenta un concepto importante,

y se explica cómo aplicar lo aprendido en la vida cotidiana.

A medida que avance por el libro, las HERRAMIENTAS le ayudarán a hacer un seguimiento de lo aprendido hasta el momento.

Las notas de PARA APRENDER MÁS, especialmente seleccionadas, le servirán para profundizar en aquellas cuestiones que más interés le hayan suscitado.

En CONSTRUIR+LLEGAR A SER creemos en el desarrollo de conocimientos que nos ayuden a movernos por el mundo. Dicho esto, sumérjase, bien paso a paso o digiriéndolo todo de una vez: lea como lea este libro, disfrútelo y empiece a pensar.

COMIENZA MISMO.

CON UNO

EL COMIENZO

LECCIONES

01 **LA MENTE DEL PRINCIPIANTE**
El comienzo se da cada día.

02 **REDUZCA EL MARCO**
Percibir es un sentimiento activo.

03 **LA IDEA MUTA**
Creatividad = hacer.

04 **FRACASOS Y ÉXITOS**
La acción implica experimentación.

Tengo la filosofía de que el comienzo se da cada día; comenzar es la vida. Siempre se está empezando. Por lo tanto, podemos integrar de un modo consciente una pequeña dosis de punto de partida en cada acción y proyecto.

He aquí el primer capítulo del libro, que trata sobre el comienzo.

En otras palabras, sobre cómo ponerse en marcha. Es fácil sentirse abrumado por el temor al comienzo. Podemos vernos atrapados por aquello de lo que carecemos: el estudio perfecto, el ordenador ideal, el trabajo adecuado, etc. Al no tener ninguno de esos elementos, creemos que no podemos empezar.

Esta actitud suele ser una excusa; quizá inconscientemente no queramos empezar de verdad, así que buscamos fallos en el entorno y dirigimos la ansiedad hacia algún elemento concreto.

Tenga cuidado. Comenzar es difícil. Hace falta rigor y tomar las riendas.

Sin embargo, existen estrategias con las que se puede superar esta ansiedad inicial.

Tengo la filosofía de que el comienzo se da cada día; comenzar es la vida. Siempre se está empezando. Por lo tanto, podemos integrar de un modo consciente una pequeña dosis de punto de partida en cada acción y proyecto.

De esta forma, no le concederemos demasiada importancia al sentimiento de ansiedad, sino que realizaremos una acción diaria que sea importante pero sin ser abrumadora.

Integre el fracaso continuo y el éxito continuo en su creatividad para que estos elementos le lleguen como olas, para que fluyan a través de su ser.

Estos métodos le servirán para abordar los miedos del comienzo a la vez que sigue centrado y dinámico.

Es una idea que le iré recordando a lo largo del libro. ¿Qué quiere, piensa, siente y cree? Así, al contemplar el comienzo, también habremos de discutir qué le impide empezar.

LA MENTE DEL PRINCIPIANTE

Cuando necesito ayuda para abordar la ansiedad del comienzo, suelo retomar la idea del budismo zen sobre la «mente del principiante»: todo se está iniciando. Se empieza cada día, en cada momento. Comenzamos al respirar, cuando inhalamos y exhalamos.

En la «mente del principiante» hay posibilidades, apertura y curiosidad: todas las cualidades útiles para explorar la creatividad.

Cuando recuerdo este sencillo hecho, regreso a la materialidad, a la página. Me doy cuenta de que son solo palabras sobre el papel: no pensamientos cerrados ni una retórica pulida, sino un sencillo comienzo de lo que tengo ahora mismo conmigo.

Todos podemos bloquearnos; es un estado normal de la creatividad. Cualquier persona sentirá que se está enfrentando a una situación difícil: forma parte del conflicto de la creatividad.

Si se queda atascado con la creatividad, pruebe el siguiente ejercicio, que es una aplicación de la «mente del principiante» del zen a algo físico.

✛ EJERCICIO

Respire profundamente.

Al exhalar, escriba sobre el papel, pero no de una forma esmerada, sino procurando hacerlo sin control y de un modo fluido. Transcriba palabras: adjetivos, colores, sentimientos. Escriba hasta llegar al punto de que necesite tomar aire.

Después, lea lo que haya escrito.

No se preocupe si no le encuentra sentido (ese suele ser nuestro temor: esperar conseguir algo de inmediato).

Lo principal es que ya habrá comenzado. Felicidades.

¿Por qué funciona este ejercicio?

Funciona porque limita el resultado a algo pequeño y que se puede conseguir: su respiración. No abruma con un material excesivo; se trata de algo eminentemente factible.

Esta es una parte importante del comienzo: hay veces en las que no logramos el éxito porque comenzamos con una agenda demasiado grande. Asumimos un proyecto que nos supera.

Por lo tanto, le sugiero que comience con algo pequeño y que se valga de los hechos evidentes que tenga cerca:

> **La vista de una ventana**
> **Una sombra**
> **Una señal en una pared**
> **Las dimensiones de una habitación**

Use cualquier cosa que esté a su alrededor.

Lo primero que hay que hacer es percibir.

Según mi filosofía, *percibir* y *creatividad* son sinónimos.

Cuando nos apartamos de nuestra creatividad, haciendo que pase a ser otra cosa distinta de nuestra visión, le cargamos la responsabilidad a otra persona. Nuestro acto de percibir nos permite hacernos con el control y recuperar el potencial de ser creativos para nosotros mismos.

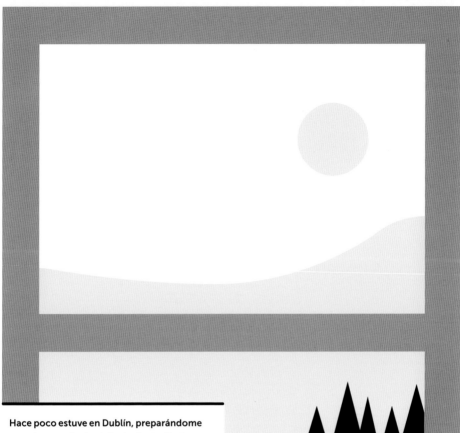

Hace poco estuve en Dublín, preparándome
para dar una charla al día siguiente. Por la
noche, deambulé por la ajetreada ciudad.
En un espacio abierto, un parque de arena,
me encontré varios tapones de botellas
de agua de plástico de diferentes tamaños.

La acción de recopilar, fue en sí misma
una forma de comienzo.

Me llevé los objetos a la habitación
del hotel, los puse en la mesa, uno tras otro,
y me recordaron al agua, a la improvisación,
a la fluidez y al compromiso.

Así, cuando en este libro hablo del
comienzo, me refiero a las acciones conscientes
más pequeñas: a una función del yo, a un
experimento en el que nos impliquemos.

Encuentre el nivel que le resulte natural.

PEQUEÑAS COSAS

¿Es que esto quiere decir que nuestro trabajo creativo carece de ambición y de amplitud? ¿Es que estoy sugiriendo que, en esencia, no haga «nada»?

Lo cierto es que no.

Lo que nos esclaviza es el gran temor de que el trabajo creativo tenga que resultar importante al instante. Sin embargo, desde mi percepción de la creatividad, quiero hacerle ver lo contrario. Piense en comenzar con pequeñas cosas, menores; no se preocupe demasiado por lo que signifiquen estas, céntrese solo en hacer, en hacer cosas rápidamente y sin ningún sentido inmediato de valor.

Hay veces en las que es nuestro mundo, obsesionado con la productividad, el que ve la creatividad como una serie de resultados que hay que alcanzar. También en este caso adopto un enfoque distinto. Veo la creatividad como un proceso, un larga línea continua de trabajo. Grande, pequeño, menor, importante. Eso es lo de menos.

De vez en cuando, podemos captar algo de esta línea, un resultado, un haz de lo que ha estado sucediendo, para ofrecérselo a los demás (ya sea un espectáculo, un producto, un acontecimiento o un documento).

Pero la línea sigue adelante.

Un ejemplo de la puesta en práctica de esta idea es el cuaderno que llevo conmigo siempre. No está lleno de observaciones cerradas o ideas pulidas que se ajusten bien a la página.

Lo que contiene es:

Borradores ☐

Garabatos ☐

Números de teléfono ☐

Líneas punteadas ☐

Una tirita ☐

Palabras rodeadas con círculos ☐

Anotaciones de gastos ☐

Es una serie de pequeñas acciones sin relación con las que registro mi visión del mundo. Cada una de ellas es distinta, independiente.

Con el tiempo, tal vez estas acciones desemboquen en algo más grande. Pero, por el momento, no son más que fragmentos.

Cuando uso mi cuaderno, comienzo cada vez que escribo en una página; lo que hago es practicar de una forma activa una versión de la «mente del principiante» del zen.

Piense en comenzar con pequeñas
cosas, menores; no se preocupe
demasiado por lo que signifiquen
estas, céntrese solo en hacer,
en hacer cosas rápidamente y sin
ningún sentido inmediato de valor.

+1 21

+1 133.199.1673

+1 114.162.1725

+1 212.539.2521

+44 7900 256

+60 7300 496

+44 7376 435

+65 7453 900

+90 7700 496

+44 7969 570

REDUZCA EL MARCO

Una faceta útil del comienzo es que este puede surgir en cualquier lugar: somos portátiles. Al tener una mente de principiante, se pueden ver las cosas con la mirada fresca y percibir elementos que los espectadores más consumados tal vez no noten.

Puede mirar:

> Un automóvil
> Un paso elevado
> Una ventana
> Una nube

Vea un objeto por lo que es, sencillo y en su propia cualidad directa, separado de sus fórmulas del hábito (que es lo que llega con el exceso de familiaridad).

No se olvide de que está haciéndolo mientras respira, sin preocuparse de lo que sea ni de lo que puedan pensar los demás. Solo está «tomando notas».

Una manera de sacar provecho de esta habilidad que acaba de descubrir es anotar sus observaciones en un cuaderno. Sus páginas se convertirán en el depósito de su nueva y emergente destreza.

En estas podrá crecer.

A menudo sorprende observar que la mayoría de las personas no documentan lo que perciben; confían en su memoria (ese vehículo imperfecto) para recordar los pensamientos que han tenido. Las ideas, al igual que los sueños, se escapan y se esfuman a la luz del día.

Con un cuaderno basta para tenerlas juntas en un mismo sitio: uno discreto, privado y animado. Uno que dice: «Me dedico a la creatividad; me lo tomo en serio».

Los cuadernos son los motores de la creatividad. Hacen que las cosas sucedan.

Si pensamos en crear una regla para la creatividad —creatividad = hacer—, los cuadernos son la forma de cumplirla.

Activan.

EJERCICIO

Salga ahora mismo a comprar un cuaderno barato y un bolígrafo. No se preocupe por la calidad del cuaderno; de hecho, cuanto más barato sea, mejor, ya que así no le importará cometer errores, tachar, emborronarlo o llenarlo de ideas sin madurar.

Llévelo consigo en todo momento y anote lo que vea.

Use el ejercicio respiratorio de la sección anterior para hacer ráfagas de palabras o pequeñas frases. No tienen por qué tratar sobre nada en concreto; pueden ser meras reflexiones, sensaciones y observaciones.

Anótelo todo.

NARANJAS SUBMARINAS

Es increíble lo poco que hace falta para tener una idea.

Suelo trabajar en contextos empresariales dándole clase a gente para que aprenda nuevas formas de tener ideas y técnicas que inciten su creatividad.

Cuando me presento a los grupos, suelo pedirles a los integrantes que hagan un ejercicio mínimo que consiste en lo siguiente:

> Escoger un color
> Mencionar una experiencia
> Escribir una palabra clave

Hay veces en las que los participantes se muestran escépticos ante este enfoque. «Así es como trabajan los artistas», les digo, pero no me creen. Sin embargo, cuando comienzan a ensamblar estos pequeños elementos, cuando ponen un color junto a una palabra seleccionada, de repente ven un hilo conductor, un relato del que antes no se habían dado cuenta.

Todo cobra sentido.

Un buen ejemplo de esto ocurrió hace poco en un contexto en directo en el que estaba hablando con un grupo de artistas visuales. Cada uno de ellos andaba buscando nuevas ideas con las que estimular su práctica. Cuando les pedí que me contaran qué tenían entre manos, uno de ellos se apresuró a enumerarme algunas de las ideas que tenía escritas. Se produjeron unas colisiones sorprendentes.

Le detuve cuando mencionó «naranjas submarinas», unas palabras que procedían de dos líneas distintas que había escrito como parte de una lista. Le indiqué que me parecía un título estupendo. Le sugerí que lo usara.

Le hice reflexionar sobre algo que había dicho él mismo pero a lo que no le había prestado atención: «naranjas submarinas».

Los cuadernos nos permiten ver este tipo de cosas; hacen que las ideas se vuelvan visibles para que las «veamos» por primera vez. Dese cuenta de sus propias «naranjas submarinas» y piense: «Sí, es un buen título. Ha llegado la hora de desarrollarlo».

✛ EJERCICIO

Quiero proponerle un método para empezar a trabajar con cuadernos. Se trata de algo económico y sencillo. En lugar de usar páginas de tamaño A4, cómprelas A6, que son más pequeñas. De este modo, el marco es más pequeño y podrá reducir el número de palabras. Limítese a llenar una página A6 al día con un máximo de cincuenta palabras. Además de que resulta más fácil, le transmitirá una sensación de logro con solo unos pequeños minutos cada día.

Extienda también la idea de «reducir el marco» a otros contextos. Escriba «pequeñas cosas» en su pequeño cuaderno A6. Observaciones insignificantes, acontecimientos menores.

Procure que su «yo» sea el centro de estos escritos; observe los hechos con sus propios ojos.

A4

A5

A6

LOS CUADE
SON LOS M
DE LA CRE
HACEN QUE
SUCEDAN.

RNOS
OTORES
ATIVIDAD.
LAS COSAS

LA IDEA MUTA

Otro aspecto a tener en cuenta es que si no comenzamos, nuestra idea nunca cambiará. Se nos quedará pegada a la mente y no se desarrollará.

El hecho de que cambie es positivo.

En cuanto empezamos, hay algo que se altera. La férrea convicción con la que comenzamos se ablanda. Cambia nuestro estado de ánimo y asumimos la posibilidad de entrar en contacto con información nueva:

> Físicamente
> Con otras personas
> Por medio del dinero
> En forma de limitaciones

Nos volvemos hacia lo real, lo presente.

De no hacerlo así, la idea nunca dejaría de ser una mera línea en un papel.

Por lo tanto, hemos de empezar a hacer que la idea crezca y a desarrollarnos nosotros mismos. Si permanecemos inmóviles, solos con nuestro concepto, no tendremos ningún desafío, y, por tanto, ninguna posibilidad de crecimiento personal.

Téngalo en cuenta, ya que es muy importante.

El año pasado me comprometí a pasar un tiempo tomando notas de mis propios sueños. Logré hacerlo durante seis meses. No adopté ninguna posición teórica, ni partí de ninguna idea idea prefijada: fue un proceso físicamente arduo y difícil de lograr.

Me despertaba por la noche y tomaba notas de lo que estaba pasando.

Transcurrido el período de seis meses, dejé de hacerlo. Sin embargo, varias semanas después, aún en sintonía con mis propios ensueños nocturnos, soñé con un proyecto llamado ESPELIDES, así, con todas las letras. Al día siguiente, anoté la idea y me comprometí a materializarla.

Si no hubiera activado la investigación física para este fragmento, mediante aquellas anotaciones nocturnas, no creo que hubiera soñado con el proyecto ESPELIDES. Le proporcioné un semillero a la idea, una especie de caldo de cultivo en el que pudiera aparecer.

Mi compromiso con los sueños y la regularidad con la que los registré me permitieron renunciar al control: una vez que me instalé en ese espacio del proceso, fue inevitable que surgiera una nueva idea por sí sola.

07:00			08:30		15:00			19:00	
01	02	03	04	05	06	07	08	09	10
11	12	13	14	15	16	17	18	19	20
21	22	23	24	25	26	27	28	29	30
31	32	33	34	35	36	37	38	39	40
41	42	43	44	45	46	47	48	49	50
51	52	53	54	55	56	57	58	59	60
61	62	63	64	65	66	67	68	69	70
						77	78	79	80
						87	88	89	90
						97	98	99	100

✛ EJERCICIO

Piense en adoptar un compromiso diario con
el comienzo. 1, 5, 10, 50 o 100 palabras al día. La
regularidad es importante. Seleccione un momento
del día para escribir y cíñase a él.

> **Antes del desayuno**
> **En el tren**
> **Haciendo cola**
> **Fuera del horario laboral**

La regularidad le inducirá a la acción.

MOTOCICLETA AMARILLA

He empleado la palabra *muta* en el título de esta
lección porque me gusta que las ideas creativas
surjan a raíz de una mutación: la vida brinca
de una a otra, como los saltos del ADN.

He aquí la forma en la que suelo trabajar con
la creatividad: palabras y relaciones aleatorias que
desencadenan futuras posibilidades. La creatividad
rara vez nace de la organización, sino que se
reproduce libremente en la placa de Petri del caos,
la fisión y el error.

EJERCICIO

Pruebe a hacer esto en su cuaderno. Agrupe una
serie de palabras (cualquier elección de sustantivos
y adjetivos aparentemente aleatorios).

Seleccione cuatro de estas palabras para trabajar
con una mayor concentración.

Fuerce una relación entre estas.

Sitúelas en un relato, un sentimiento,
un mosaico o un diálogo.

Si, por ejemplo, tiene las siguientes palabras:

> Motocicleta
> Amarilla
> Occidental
> Moda

¿Cómo se podrían ensamblar estas palabras para
que conformen una relación? ¿Una motocicleta
amarilla que aparezca en una pasarela londinense?

De optar por esta opción, ¿qué podría estar
transmitiendo?

¿Un producto nuevo, una forma de
comunicación, una idea, un idioma distinto?

La motocicleta acelera estos pensamientos.

De entre mis propias ideas, son muy pocas
las que salen de mi cuaderno como conceptos
ya madurados por completo.

Esto es importante. La mayoría de los
creativos trabajan con pequeñas teselas de un
mosaico, elementos diminutos que confluyen
en estructuras más desarrolladas.

No tema a lo minúsculo: es aquí donde
crecen todas las ideas que se siembran.
Piense en pequeños trozos de ADN que mutan
y se desarrollan con el tiempo. No se trata de
lo imperativo ni de la rigidez, sino del juego,
de lo que se puede hacer, de lo accidental.

Viendo el filme *Rollerball (Rollerball,
¿un futuro próximo?)* de la década de 1970
me di cuenta de que los equipos que salían en
el marcador parecían nombres de productos:

> HOU MAD
> HOU NY
> HOU TOK

Algo me hizo clic en la conciencia, y pensé:
«Buena idea».

VUELO	HORA	DESTINO
VQ 326	05:34	ÁMSTERDAM
EP 326	05:45	PARÍS
RS 326	06:05	BARCELONA
BA 326	06:20	TOKIO
IQ 326	06:40	NUEVA YORK
JV 326	07:00	LONDRES

+ EJERCICIO

Busque mezclas extrañas de palabras allá donde las pueda encontrar con facilidad:

> **Tablones de anuncios ferroviarios**
> **Tiques de compra**
> **Titulares de periódicos**
> **Señales de tráfico**

Pruebe a buscar armonizaciones inusuales.

Podrá ensamblarlas a modo de títulos, métodos de trabajo, secuencias del código de ADN con las que es posible interactuar.

Lo accidental nos permite ir más allá de los clichés, de lo obvio. Por ejemlplo, al volver en tren a casa desde el trabajo, pruebe a extraer varios elementos encontrados de su entorno inmediato; deles forma en su mente: ¿qué están diciendo?

FRACASOS Y ÉXITOS

Todos los proyectos comienzan con el intento de activar un pensamiento o una idea para darle forma y sustancia. La dificultad de ese acto, de hacer que la idea entre en lo real, forma parte del proceso. De hecho, ahí es donde reside todo.

Si no comenzamos, es porque solemos temer la dificultad. A todos nos asusta enfrentarnos a ella (es algo natural).

Eso no significa que no podamos afrontarla reduciéndola a fragmentos más pequeños que podamos manejar mejor.

Comenzar significa asumir la dificultad. Signfica no evitar el camino difícil, no posponerlo hasta mañana.

Estamos con la dificultad ahora: con todo el terror que nos induce.

Huelga decir que al hacer esto, la dificultad se evapora. Es como si nunca hubiera estado ahí. Se detiene en cuanto apoyamos el bolígrafo sobre el papel. Sin embargo, podemos permanecer en ese lugar del no comenzar, un lugar de miedo, durante años.

Imagínese cuánto nos cuesta, la inversión que implica el inmovilismo.

+ EJERCICIO

En lugar de no comenzar, mantenga ese sentimiento durante 10 segundos.

Respire hondo; sienta el bloqueo.

¿Le llega algo? ¿Una imagen, un color, una sensación?

Retenga ese sentimiento tanto como pueda y, después, escríbalo, procurando describirlo con el mayor detalle posible.

Aquí, en este rincón remoto de su ser, es donde encontrará las respuestas a sus desafíos.

Todos los proyectos comienzan con el intento de activar un pensamiento o una idea para darle forma y sustancia. La dificultad de ese acto, de hacer que la idea entre en lo real, forma parte del proceso. De hecho, ahí es donde reside todo.

LAS OLAS

En nuestro mundo contemporáneo se desea obtener respuestas ya; queremos comenzar de inmediato, que el éxito nos llegue a toda prisa.

Sin embargo, ese «comenzar» a veces dura mucho tiempo. De hecho, puede durar varios años. Si quiere desarrollar un vocabulario, construir un estilo, invertir en un proceso o crear una actitud, hay veces en las que se necesita un tiempo considerable.

Sea paciente.

En mi caso, a mis veintitantos años pasé por un período de experimentación (de fracasos y éxitos), con muy poca producción evidente. Sin embargo, fue una época en la que aprendí mucho: a trabajar con la mínima aportación de otros y a desarrollar proyectos autogestionados; me vi obligado a generar mis propias ideas a partir de las piezas que encontraba a mi alrededor.

Un buen ejemplo de este enfoque individual es mi propio uso de marcos.

Cuando empecé, usaba portavasos de cartón para café de una conocida cadena de comida rápida como marcos donde guardar mis imágenes recortadas. Por aquel entonces, la cadena daba de buen grado estos artículos gratis a cambio de una pequeña compra, así que me hice con una gran cantidad de ellos.

La conjunción de la prosaica naturaleza de estos portavasos y el esoterismo de mis imágenes tenía un cierto encanto: fue una especie de travesura al estilo de *La ópera de los tres centavos*.

Fue más tarde cuando encontré una forma que contenía todas estas ideas.

Así que muestre compasión y consideración por sí mismo. Siempre y cuando esté trabajando en el proceso (que abordaremos en el segundo capítulo), estará bien.

No se olvide de que los auténticos artistas hacen de toda su vida un experimento.

✛ EJERCICIO

He aquí una forma de hacer que el comienzo resulte menos arduo y más gratificante.

Divida su proyecto en 100 fragmentos pequeños: un personaje, una descripción, un sentimiento o una escena. Cada vez que lo aborde, registre solo ese elemento. No se preocupe por el panorama general.

Pegue esos pequeños fragmentos en la pared o en su cuaderno de formato A6, hasta que llene todo el espacio. Una vez que haya montado los fragmentos, podrá trabajar en la estructura. Sin embargo, limítese al principio a desarrollar el tono. Entre en el trabajo, en la imagen visual, en lugar de quedarse fuera.

Toda creatividad gira en torno al fracaso.
No hay nada en este experimento que no tenga que ver con el fracaso. Me refiero, por supuesto, a pequeños fracasos que pasan desapercibidos para el público en general, el cual contempla los vistosos resultados de un libro publicado o de una exposición. Nosotros somos los únicos testigos de las dificultades cotidianas.

La mayor parte de la creatividad tiene que ver con los pequeños fracasos o éxitos que nos llegan a diario. No me refiero a colapsos terribles, sino a meros avances cotidianos. Para mí, estos resultados son como olas. En ocasiones son enormes y se alzan a gran altura, y otras veces nos adormecen con su calma.

Escribir

500 palabras cada vez

Esbozar algunas palabras

Un dibujo al día

Pasos hacia delante

Puede que esta vida de las olas esté presente también en una sesión, en un día.

Así pues, si está trabajando en un proyecto, sea consciente de que los sentimientos intensificados de fracaso o éxito pueden experimentarse cada día. Puede llegar a experimentar los dos en una rápida sucesión.

Es normal.

Personalmente, a mí me gusta pensar en el trabajo del día como en un pequeño y minúsculo eco de toda mi carrera. En cada lapso de 24 horas puedo encontrar el gozo, la falta de inspiración, el tedio y el éxito.

Eso hace que tenga los pies en el suelo. Todo aquello por lo que pase —revelaciones, zonas pantanosas, días lentos, júbilo— es exactamente como tiene que ser.

HERRAMIENTAS

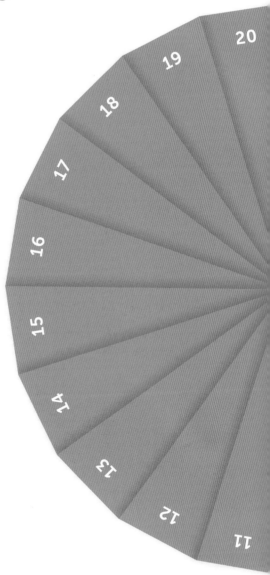

01

El comienzo tiene lugar cada día: se comienza con cada página, con cada proyecto.

No tiene por qué ser algo que implique temor; comenzar también puede ser curiosidad, emprendimiento, juego o anticipación.

Comenzar también es una cualidad maleable y plástica que llevamos dentro: válgase de lo que le rodee, de lo que haya en la calle, para activar este sentimiento. De esta forma, no se sentirá solo. Comenzar es objetos, es todo, es el mundo.

02

No hace falta disponer de una gran cantidad de material para tener una idea: más bien se trata de manipular pequeños procesos que nos lleve a una revelación. En este enfoque resulta emblemática la página tamaño A6, un formato reducido que nos anima a escribir, a crear.

Entre en esta página como si se tratase de una nueva ventana.

Percibir es un factor fundamental; una vez que haya visto lo que le rodea, cuando tome conciencia de ello, podrá dar un paso consciente hacia lo creativo.

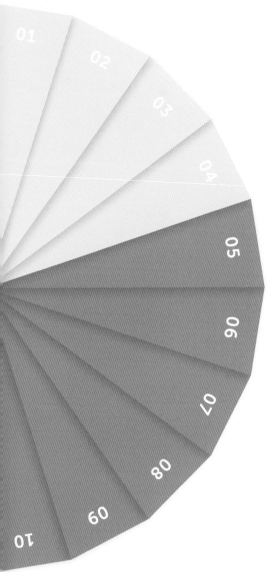

03

Creatividad = hacer.

La acción es la única forma de acceder a algo nuevo. Si no le concede una dimensión física a una idea, esta no cambiará nunca. Se quedará en lo conceptual; nunca saldrá del papel cuadriculado.

Si se compromete con el hacer, provocará un cambio en su proceso creativo. Si toma nota de lo fortuito y de lo pasajero con verdadero entusiasmo, se colocará justo en el vórtice de la creatividad.

04

La acción implica, a la fuerza, experimentación. Esta puede conducir al fracaso, pero no debe preocuparse: el fracaso y el éxito son elementos habituales de la vida creativa. No existe creatividad sin el correspondiente fracaso.

El proceso normal de cada 24 horas contiene el léxico explícito del ser creativos: éxito, tedio, giros equivocados, errores y triunfos menores.

La creatividad suele percibirse como un callejón sin salida.

Siga adelante.

PARA APRENDER MÁS

LECTURAS

Vida y enseñanzas zen de Shunryu Suzuki:
pepino torcido
David Chadwick
(La Liebre de Marzo, 2001)

Rollerball Murder
William Harrison (Futura Publishing, 1975)

ABC of Reading
Ezra Pound (New Directions Paperbook, 1960)

The Daily Practice of Painting:
Writings and Interviews 1962-1993
Gerhard Richter (Thames & Hudson, 1995)

Not Always So: Practicing the True Spirit of Zen
Shunryu Suzuki (HarperCollins, 2002)

AUDIOS

Shunryu Suzuki
Las charlas de Suzuki en el Tassajara Zen Mountain
Center abordan una gran cantidad de temas: aves,
el yo objetivo, el presente, el sonido y el ruido, el
otro. Estas conferencias, que se pueden encontrar
fácilmente en internet, indican una compleja
filosofía del ahora expresada con sencillez
y elegancia.

FORMACIÓN

Formación en asesoramiento y psicoterapia
The Gestalt Centre, Londres, Reino Unido

Mindfulness
Centre for Mindfulness, Ámsterdam, Países Bajos

The School of Life
The School of Life, de Alain de Botton, ofrece
una gran cantidad de cursos de desarrollo personal
e inteligencia empresarial. Puede elegir alguna
de las clases nocturnas que se imparten en varias
escuelas europeas.

VISITE

Rhodia
La marca de cuadernos Rhodia
(www.rhodiapads.com) es mi favorita.
Uso los de pasta negra, tamaño A5 y páginas
cuadriculadas. Tampoco se obsesione por
conseguir ese mismo modelo. Acuda a su quiosco
o papelería local para adquirir un cuaderno
y papel. Cualquier cuaderno barato le servirá.
Por mi parte, los adquiero al pasar por aeropuertos,
tiendas en el extranjero o comercios de autoservicio.
Cuanto más caro sea, más difícil le será ponerse
a escribir en él.

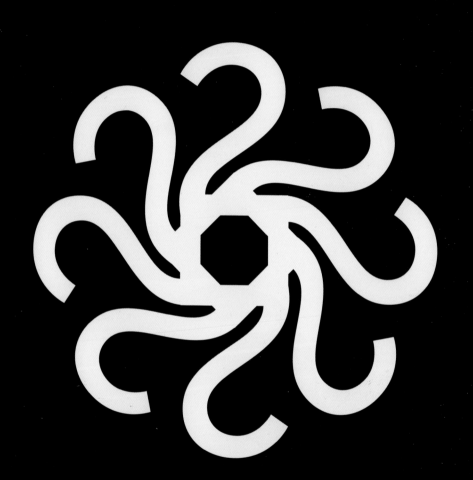

SERVIRSE DEL PROCESO

LECCIONES

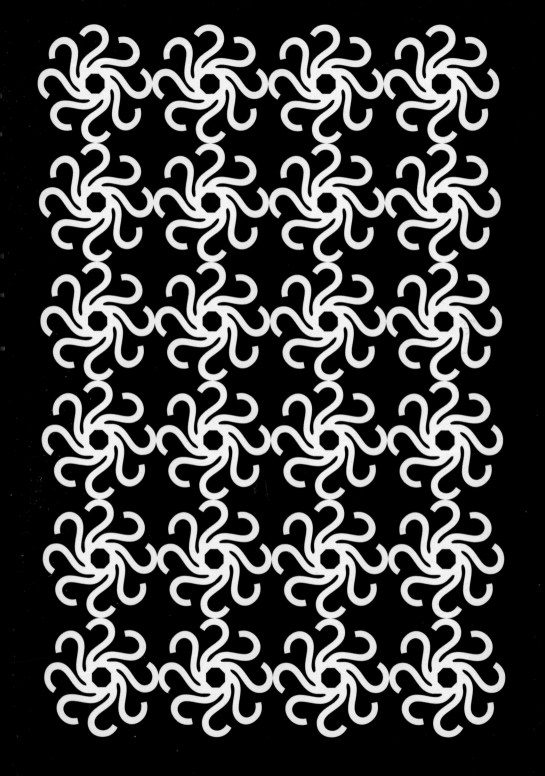

No tenga miedo de sí mismo. Sus fallos y su visión imperfecta son, de hecho, sus principales valores, ya que son estos los que le permiten ver de un modo muy distinto al de los demás.

He aquí el segundo capítulo del libro: trata sobre el proceso.

Una pregunta básica: ¿qué es lo que tiene ya?

Hay veces en las que uno piensa que no tiene nada, que dispone de pocos recursos, pero el proceso nos ayuda a interrogar a la página en blanco: nos enseña que, pese a esa aparente nada, hay contenido, hay vida.

De hecho, la página en blanco es un valioso recurso, un espejo que nos refleja.

El proceso es una herramienta que nos ayuda a preguntarnos qué está sucediendo en realidad y a cartografiar qué vemos en la página. No se involucra en las fantasías de lo que podría ser la creatividad ni se basa en técnicas adivinatorias, sino que trabaja con todo lo que está presente, con lo que se ve.

Pieza a pieza, usando el reflejo especular del yo, llevamos lo que vemos en el mundo a la página.

No tenga miedo de sí mismo.

Sus fallos y su visión imperfecta son, de hecho, sus principales valores, ya que son estos los que le permiten ver de un modo muy distinto al de los demás. Solemos amedrentarnos ante esta individualidad. Espero mostrarle que no hay nada que temer de la visión idiosincrásica. De hecho, es la base de toda creatividad.

Esté atento a los fenómenos: es el único método que conozco para estimular el impulso creativo. Ramas, tierra, vías de tren, basura que flota; hágaselos suyos en su búsqueda de nuevas ideas y diseños frescos.

Olvídese de las herramientas sofisticadas. Si cuenta consigo mismo, todo le irá bien.

PALABRAS SENCILLAS

Optimista

Curioso

El proceso es lo que sucede ahora mismo en su interior si se siente:

Curioso ☐

Negativo ☐

Entusiasmado ☐

Aburrido ☐

Optimista ☐

Sensible ☐

Abierto ☐

Indeciso ☐

El momento presente es siempre el mejor material con el que activar el impulso creativo. Si se aleja de esta postura, si fantasea con otras realidades, la energía tenderá a disiparse.

Tome tres trozos de papel y escriba en cada uno de ellos una sencilla palabra.

¿Qué es lo mejor que describe el lugar en el que está ahora mismo?

No piense demasiado en la pregunta. Escriba rápidamente las primeras palabras que se le ocurran. Piense en si son activas o pasivas, si conforman un estado de ánimo o se desconectan unas de otras, si son de carácter reflexivo o sentimental.

Anote rápidamente estas impresiones adicionales: con esto, ya habrá entrado en el mundo del proceso.

¿En qué radica la importancia de este ejercicio?

Su utilidad reside en el hecho de que nos permite retomar el debate de la creatividad:

> **Lo que vemos**
> **Lo que sentimos**
> **Lo que oímos**

Negativo

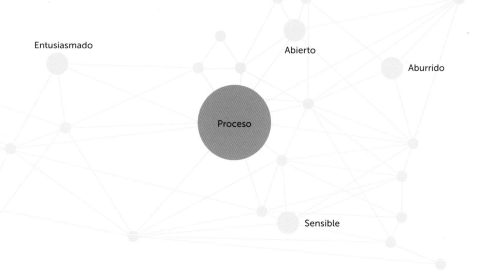

Entusiasmado

Abierto

Aburrido

Proceso

Sensible

Toda creatividad consiste en el sencillo hecho de cartografiar estas ideas y emociones interiores en la página.

La creatividad no es una fuerza independiente que esté al margen de nosotros. «Es» nosotros, todos los desafíos y las dificultades que nos presenta nuestra creatividad diaria.

Así, cuando percibimos una nube, vemos un mota de polvo en el pavimento, reconocemos la felicidad, sostenemos una taza de café, nos damos cuenta de la imagen de un globo o evocamos una serie de colores, también estamos activando el proceso; se trata de otra versión del ejercicio de las «tres palabras». Todas estas observaciones son material para nuestra creatividad. Tomar nota de estas ideas nos permite seguir en contacto con nosotros mismos. También nos hace conscientes de lo que antes no habíamos visto, de lo que éramos inconscientes.

Dado que la creatividad es la conciencia de lo que nos rodea, la acción de guardar estas observaciones en el cuaderno hace que se hagan reales, auténticas.

Las clava a la página.

Es importante mirar lo que tengamos justo delante de nosotros.

Hace poco estaba dando clase en Madrid. Cuando salí del espacio del taller, me encaminé al metro y noté que el pavimento estaba lleno de semillas caídas. He aquí lo que pensé: «No hace falta viajar a Marte para encontrar novedades, porque Marte está aquí, en todo, dentro de nosotros, allá donde miremos: en el polvo, en el pavimento, en el ocaso».

Cuando me subí al metro, escribí al instante en mi cuaderno un recordatorio de este sentimiento universal:

> Lo transitorio
> Usarlo todo
> Atraerlo hacia nosotros
> Comenzarlo ahora

EL CAOS ES LO QUE CUENTA

He descubierto que una forma sencilla de desarrollar el proceso es la escritura de listas.

Estas secuencias de palabras, escritas en vertical en la página, son piezas elásticas que se separan de nosotros y extraen experiencias, palabras e imágenes.

Estas listas se pueden hacer rápidamente, de un modo automático, sin reflexionar demasiado sobre ellas. Son como versiones de tiradas de dados, de rompecabezas, de procedimientos aleatorios que, por accidente, nos dicen algo sobre lo que tenemos dentro.

Estas listas se pueden componer de títulos, instrucciones, nombres o métodos.

El siguiente ejemplo está tomado de mi cuaderno actual:

> Lentamente... llega la luz
> El todo
> Paso número uno
> Manos
> Vacío (¿qué deseas?)
> Aceptación

Sirve para ilustrar el grado de desintegración que pueden comportar estas listas. El proceso es irracional, obstinado: funciona mediante la acumulación de material a diario, por medio de la acción de la autorrecopilación. Recuerde que no se trata de buscar la novedad ni hacer referencia a lo exótico, sino de, sencillamente, percibir en detalle los materiales cotidianos que estén a nuestro alrededor.

La mayoría de lo percibido nunca encontrará una forma definitiva, y esa es la cuestión. Es el proceso, el avanzar hacia delante. Sin embargo, una vez que empiece a tomar nota, descubrirá que, sorprendentemente, ya tendrá una versión de la creatividad.

Es solo suya.

El proceso también nos enseña que todo es interesante siempre y cuando estemos con ello.

Así descubrirá que incluso el fragmento más banal contiene ideas conceptuales y formales que podrá usar en su propia creatividad.

No deja de sorprenderme cuánto se puede acumular a partir de materiales modestos. Es a estos a los que, de hecho, suelo prestarle atención.

Cuando preparaba mi exposición individual titulada «Dusk» (2006), visité lugares abandonados con la intención de registrar los cambios que se producían en los niveles lumínicos al atardecer. Durante el tiempo que filmaba con la cámara, esperando, también hice una grabación de mí mismo, de mis sentimientos, mientras permanecía allí mirando.

Es la creatividad como proceso puro: el cartografiado del interior.

A menudo pienso que no hay nada más que esto; fingimos que tiene que ver con alguna otra cosa, pero solo gira en torno a nuestras emociones.

Cuando rememoro las grabaciones de «Dusk», cuando las veo latir, también es mi propio latido lo que veo.

Aquellos espacios vacíos de la ciudad son el lugar perfecto para explorar el proceso en profundidad.

Por último, es importante tomar notas.

Es fácil olvidarse de esto, abandonar el hacer y retirarse a un espacio mental de creatividad para permanecer en lo abstracto.

Por desgracia, no funciona jamás.

Es en las súbitas notas del bolígrafo sobre el papel, caprichosas, impredecibles e improvisadas, donde suceden las cosas.

El proceso nos conduce desde cualquier dirección hacia la idea adecuada. Tal vez albergue muchos pensamientos que al final no lleguen a nada (es normal). Sin embargo, tenerlos, activar estas vías, crea un estado de preparación para que al final aparezca la idea adecuada.

No es algo que deba subestimarse.

El proceso sucede cuando se está ante el papel, no cuando se rememora en la tranquilidad.

Lo que cuenta es el caos.

LA CÁMARA INTERIOR

Una característica crucial del proceso es que nos lleva a apartar la vista del mundo exterior para dirigirla hacia nosotros mismos. No es que nos olvidemos de lo que hay fuera, sino que enfocamos la conciencia hacia nosotros mismos, y es ese enfoque el que permite que se vea el mundo exterior con nuevos ojos.

De hecho, debido a que nos prestamos atención a nosotros mismos y tenemos más curiosidad, nos relacionamos con más precisión con lo que está a nuestro alrededor.

A este proceso lo llamo «cámara interior».

Cuando esté bloqueado, trate de girar en la mente la cámara hacia sí mismo para grabar lo que esté pasando dentro.

¿Qué ve? ¿Qué percibe?

Limítese a grabar con su nueva «cámara interior».

Nos suelen decir que no nos fiemos de lo que vemos, así abandonamos estas imágenes en pos de enfoques más convencionales. Pero estos primeros registros sin madurar e intuitivos suelen ser la mejor forma de seguir en contacto con nuestra creatividad.

Confiar en aquello en lo que se pose la visión tiene su utilidad y su importancia. La imperfección somos nosotros mismos de una forma amplificada.

Dentro de esta filosofía, la intuición, el yo y la creatividad son, de hecho, la misma palabra.

Por lo tanto, incluso si ve:

Un túnel	☐
Envoltorios de hamburguesa usados	☐
Una lámpara rota	☐
Una ventana en el ocaso	☐

esta será la realidad del proceso en su caso, y no debe negarla. Imagínese que, por ejemplo, el túnel le lleva bajo tierra, al inconsciente, o que el ocaso le recuerda a un posible final, al fin de la percepción. Tome cada una de estas observaciones y haga una sencilla analogía con ellas, una versión aumentada, pegada a la realidad pero a la que le permita alzar el vuelo.

De esta forma, conseguirá que todo se convierta en el material de su creatividad.

Por eso, cuando hablo de la «cámara», me refiero a cualquier forma consciente de ver en la que podamos confiar: cognoscitiva, real o sensible. Permítase grabar: confiar en lo que vea es la clave para desatar la creatividad.

A menudo no tenemos éxito porque limitamos nuestro tiempo de creatividad a cuando se supone que hemos de tener ideas —en la sala de juntas, en nuestros escritorios, al trabajar en proyectos—, a las veces en las que nos pagan por ser creativos. Esto es algo que reduce en gran medida el espacio

La creatividad no gira en torno a la realidad objetiva de lo que realmente existe, sino que trata de cómo la vemos en toda nuestra excentricidad y confusión.

del pensamiento creativo a tan solo unos pocos minutos cada día.

Las ideas se producen de una forma muy diferente: todo el tiempo, por accidente y de un modo fortuito mientras estamos en la calle, haciendo cola, etc. Son como el olor de las cebollas fritas de un puesto de perritos calientes, los gases de los tubos de escape o el humo de un cigarrillo que nos echasen en la cara. Impregnan la ciudad a todas horas.

Cada objeto y acontecimiento cuenta con su propio «doble» efímero que se evapora rápidamente si no se toma nota de él. Este «doble» es nuestra visión del objeto o del acontecimiento, nuestra interpretación distintiva realizada mediante nuestra «cámara interior». Claro está que la mayoría de esto se pierde, ya que no hay ningún testigo. Pero cada incidente es un combustible creativo del que podemos valernos y que puede quedar registrado en nuestra versión individual de la creatividad.

Pruebe a llevar un cuaderno siempre consigo para tomar nota de estos efímeros «dobles».

No dude en escribir en él, sea cual sea el contenido.

Pueden ser listas, colores, descripciones, objetos, intenciones, etc. Puede tratarse del registro de la letra pequeña de su billete de tren: del «doble», de su reescritura.

Puede ser cualquier cosa.

UN MEDIODÍA AGITADO

El trabajo con estos «dobles» es una parte natural de la creatividad. De hecho, copiar a mano la obra de otra persona o las piezas que encontremos en nuestros trayectos es una práctica legítima que nos puede conducir a algunos resultados interesantes. De adolescente, por ejemplo, reescribí pasajes de *Franny and Zooey* (*Franny y Zooey*), de J. D. Salinger, con la idea de interiorizar al autor.

«Engullí» a J. D. y, mediante un acto de transferencia de magia, llevé su inspiración hacia mí. Tal vez le preocupe no tener una idea original, que todo se haya hecho antes, que todas las vías estén bloqueadas. No se preocupe. Simplemente copie a mano lo que vea a su alrededor. Se trata de un proceso de transmutación.

Los errores naturales que cometa, las erratas en las que incurra, transformarán lo «clásico» en algo más contemporáneo, en algo que le sea verdadero.

«A Frenzy Noonday» («un mediodía agitado») es anagrama de *Franny and Zooey*.

Suelo echar mano de estos experimentos verbales al trabajar en contextos empresariales. La peculiaridad de estos pequeños elementos alterados es que permite que los clientes vean más allá de las fronteras de su marco de referencia (el contexto empresarial), lo que da pie a que entre en juego lo lúdico.

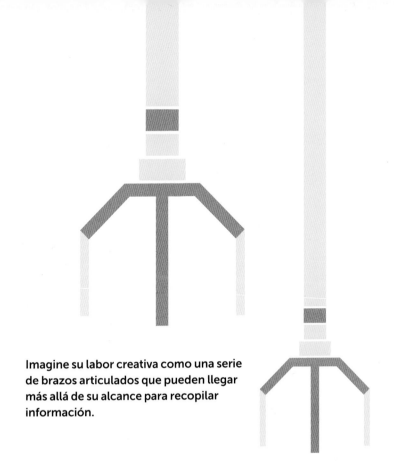

Imagine su labor creativa como una serie de brazos articulados que pueden llegar más allá de su alcance para recopilar información.

Lo experimental nos permite adoptar este enfoque: en lugar de trabajar de un modo horizontal y cronológico en una serie de movimientos estratégicos (a partir de una idea, hacia un producto o un resultado), admite el riesgo. Salta a través del espacio para aterrizar en algo inesperado.

Imagine su labor creativa como una serie de brazos articulados que pueden llegar más allá de su alcance para recopilar información, como esas garras móviles que se ven en las ferias y con las que se atrapan peluches, dinosaurios, llaveros y demás.

Estos brazos de monstruo verde recopilan nuestros datos experimentales, los registran en nuestros cuadernos como si fueran nuestro premio y evitan los clichés de lo que se ve normalmente.

Así que, anote lo que anote, haga que le sea intrínseco:

> Saltos
> **Un monstruo verde**
> **Un premio excepcional**
> **Clichés flexibles**
> **Garras**

Es todo un juego al que puede seguir jugando valiéndose del proceso como guía.

LA CREATIVID
FUERZA INDE
QUE ESTÉ AL
DE NOSOTRO
NOSOTROS.

AD NO ES UNA PENDIENTE MARGENS. «ES»

SUBVIERTA LOS HÁBITOS

Hay quienes podrían considerar un error la individualidad que emerge de su «cámara interior». Puede que digan que las fotografías están desenfocadas o, quizá, dirigidas hacia una dirección errónea, o del revés. Si estos críticos vieran nuestro cuaderno, solo verían garabatos, notas caóticas.

Y, con todo, el caos es el auténtico proceso; estos errores suelen conformar la base de la creatividad.

Son momentos del proceso en una forma concentrada. Nos llevan más allá de las fórmulas del hábito a un lugar donde se pueden ver las cosas de manera diferente.

Dicho esto, ignore a los demás y préstele atención a los errores cuando se produzcan.

Al crear solemos reproducir de forma inconsciente ideas que hemos visto en otros lugares, por medio de la televisión, de la publicidad o del cine. De hecho, el 90 % de la producción procede de estas áreas. Estas fórmulas son difíciles de cambiar, puesto que no tardan en fijarse en lo más profundo de nuestro ser.

Así, cuando vemos algo, no estamos realmente viéndolo, ya que lo hacemos por medio de las gafas de la cultura, las gafas tridimensionales del control. Este hecho hace que resulte difícil acercarse a nada con nuevos ojos.

A fin de intentar subvertir los hábitos, pruebe a realizar el siguiente ejercicio:

＋ EJERCICIO

En su escritorio, gire la silla de manera que le dé la espalda a la pantalla del ordenador. Ahora, mire con su «cámara interior».

¿Cuál es la primera imagen que ve?

Por último, para concretar esta impresión, registre la idea en su cuaderno.

Bien hecho.

Se ha alejado de la marcha delantera, de lo correcto, de lo prosaico y de lo cronológico y se ha acercado a la marcha trasera, a lo invertido y a lo opuesto.

(Al menos ha tenido la oportunidad de ser original).

Esta pequeña acción física de darse la vuelta puede permitirle llegar antes a su yo interno y, así, acelerar el proceso. De hecho, esta intervención física puede acelerar la creatividad al aumentar la sensibilidad y la conciencia.

Suelo emplear estos métodos, adaptados de la Gestalt, para acelerar el cambio: lo físico sobrepasa lo mental y aplasta brevemente el ego, lo que permite que se produzca una serie de pequeños errores.

¡Muy buenos reflejos!

EQUIS NEGRAS

La acción física también nos hace visibles, como si fuéramos en la dirección contraria a la del tráfico. Al poner la silla de espaldas a la pantalla, adoptamos una actitud que nos expone más.

Hace poco experimenté esto mismo en un solar de Londres. Me di cuenta de que las ventanas de un bloque recién construido todavía tenían unas grandes equis de cinta adhesiva negra pegadas al interior del vidrio, lo que hacía que la superficie polvorienta pareciera una hoja de contactos fotográfica ampliada en la que hubiera imágenes individuales tachadas.

Hice algunas de mis propias imágenes de las equis, anotando el nombre y el número de serie que había en un lateral de un trozo plateado de hormigón que me encontré en el pavimento y que parecía caído de una reciente misión espacial. A mi alrededor, el personal de construcción, a pie y en camiones, me miraba con extrañeza.

Me sentí en la posición del forastero, pero entendí que mis sentimientos podían ser importantes, así que me quedé con mi incomodidad el mayor tiempo posible, hasta que, al final, me pude alejar.

Este proceso me recordó que, al salir físicamente del mundo de la realidad habitual, puedo provocar mi creatividad. Es algo que se puede lograr en cualquier rincón de la ciudad, solar o isleta.

Basta con detenerse y mirar.

«Pero –podría quejarse–, ¿y qué pasa si no tengo ese arrojo? ¿Qué pasa si me da vergüenza exponerme?».

La creatividad es activa, requiere de valentía y es deliberada. Su escritura es el vehículo perfecto para cualquier exploración del yo. Puede usar la página para jugar con la identidad.

✦ EJERCICIO

Pruebe a realizar este ejercicio para explorar la idea de la dificultad.

Imagine una serie de pruebas, trayectos o entornos que puedan representar lo contrario a lo que esté acostumbrado:

> **Una ciudad extranjera**
> **Un campus desierto**
> **Una playa naturista**
> **Un bosque**
> **Un pantano primigenio**
> **Un aeropuerto**
> **Un bar de ambiente gay BDSM**
> **La Columbia Británica**

Anote lo que le resulte más intolerable.

Escriba algunas líneas sobre la cultura y la experiencia del lugar: lo habitual es que descubra que lo que escriba se parezca más a lo conocido, a algo que tenga vida ahora. Al sumergirse en lo que le resulte incómodo, puede encontrarse con aliados inesperados. Si, por ejemplo, la descripción de un bosque gira en torno al miedo a lo desconocido, lleve ese elemento a su obra, introduzca una dosis de caos, o de inefabilidad, en su proceso creativo.

Me gusta atraer lo opuesto, mis miedos, ya que, así, los hago formar parte de mi quehacer: que no estén ocultos, sino visibles, activos y percibidos.

Es como si me arrojara pintura a mi propia personalidad hasta rendirme.

FRAGMENTOS E IDEAS

No existe ningún aspecto de la creatividad que no gire en torno a mirar, prestar atención y percibir. Así que lleve lo cotidiano –los materiales que le rodeen, lo que vea por el pavimento, los fragmentos de la realidad– a su visión del mundo.

Para ello, primero regístrelo anotándolo en su cuaderno.

+ EJERCICIO

Para logralo, tengo un truco al que llamo «visión asistida» y que consiste en lo siguiente:

Emplee un minuto en anotar lo que vea.

Escriba sin parar.

Mantenga la vista fija en lo que esté registrando e ignore todo lo demás. Creo que es una técnica que ayuda. Da igual si lo que escribe resulta ilegible. Basta con que haga del papel un acontecimiento de acción dirigido por su escritura.

Lo importante es que no se detenga, que permita que se produzcan todo tipo de errores, esos fallos que puede incorporar a su práctica de una forma coherente.

Esta «visión asistida» puede prolongarse durante 1, 2, 3, 5 o 10 minutos en el caso de que la soporte.

(Si puede concebirse haciendo esto a diario, estará en camino de establecer un compromiso más largo con la escritura).

Tal vez piense que al enfrentarse al vacío de su propia experiencia no encuentre nada. Sin embargo, no es eso lo que he descubierto. Al mirar con sus propios ojos, verá algo de una forma original. El tiempo se ralentiza, el momento crece y todo se expande.

Suelo realizar este ejercicio cuando me veo solo en una cafetería y estoy esperando a alguien. En esos minutos confusos, registro lo que está sucediendo. Esta forma de mirada concentrada me ha permitido disfrutar de algunas de mis experiencias en soledad más personales e intensas.

Hace poco estuve en un establecimiento de una cadena de comida rápida del West End que tenía unas grandes ventanas que daban a la calle y me puse a observar la iglesia que tenía en frente y a tomar notas en mi cuaderno de mis propias impresiones.

(Hay veces en las que ni me molesto en mirar al papel).

Recordé el nombre del edificio que tenía en frente, la iglesia de la Asunción, y, siguiendo mi propio proceso, reflexioné sobre la siguiente pregunta: ¿qué he asumido hasta ahora como correcto?. Es un buen ejemplo del proceso en acción: escribí una lista de estos elementos «asumidos», veinte elementos que descendieron por la página como una larga escalera.

En esa quietud, en el destello del momento, estaba dentro de mi propia creatividad, absorto en la estrechez del ahora.

También muestra cómo se pueden combinar en una actividad compleja varias de las acciones que se han explicado hasta ahora en el libro:

> Listas
> Visión asistida
> Proceso
> Cámara interior
> Acción

Cuando activamos lo creativo, no nos quedamos en un único dominio: estamos mutando formas, fundiéndolas, saltando entre experiencias, usando varias habilidades. Es este crisol, activado físicamente, lo que engendra la creatividad.

Cuando nos limitamos a una única área de la práctica, por ejemplo, la «acción», podemos ser creativos solo hasta que se nos seca ese embalse de actividad; después, nos quedamos sin un proceso interno con el que trabajar.

Aunque parezca una situación poco probable (¿cómo puede salir mal una acción?), es un problema habitual en los entornos empresariales.

Si damos con una pared de ladrillo y las cosas no funcionan como lo habían hecho hasta entonces, es porque la barrera representa un desafío al sentimiento. Al ocuparnos del interior, el problema suele evaporarse.

CURIOSO, ABIERTO, INDECISO

Si cree no tener la destreza necesaria para acometer estas tareas relacionadas con el proceso, pruebe a seguir el atajo del color.

El color atraviesa las fronteras, empujándonos hacia delante de una manera directa e incondicional.

+ EJERCICIO

Seleccione rápidamente tres colores de su entorno inmediato:

> **Naranja de alta resolución**

> **Blanco sucio**

> **Canto de madera pintado**

> **Punto amarillo**

> **Rojo intenso fuerte**

(Da igual los que escoja).

Elabore un elemento narrativo a partir de estos tres colores: no tiene por qué ser un relato, basta con que sea una impresión, que dé sensación de conexión, un sentimiento que pueda contener los tres colores. Por último, escoja un solo color de los que haya seleccionado, mírelo directamente, deje que abarque todo su campo de visión, cierre los ojos y absórbalo.

Después, retroceda a la página 44 y combine las tres palabras de ese ejercicio con el color seleccionado.

Ponga las palabras y el color físicamente sobre la mesa.

Tal vez haya escogido el color «naranja de alta resolución» y las siguientes palabras:

> **Curioso**

> **Abierto**

> **Indeciso**

¿Qué le dicen el color y las palabras?

¿Ha hecho algún viaje mientras leía el segundo capítulo de este libro que se refleje aquí en las opciones que tiene delante?

De ser así, ¿cuál?

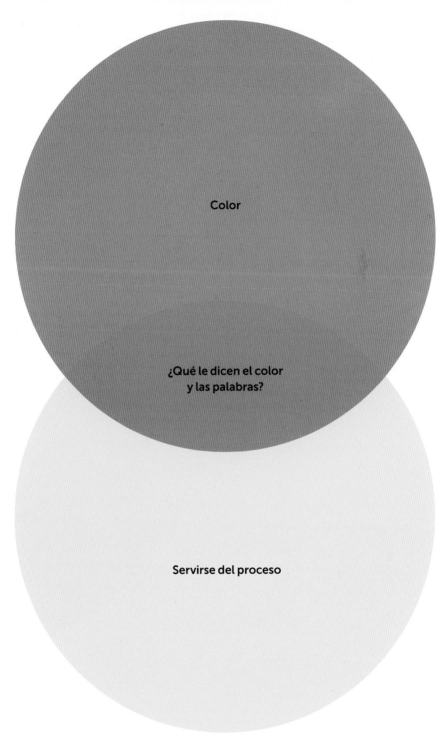

Color

¿Qué le dicen el color
y las palabras?

Servirse del proceso

HERRAMIENTAS

05

Tomar notas es una parte activa del proceso creativo. Anotar las cosas las vuelve reales: las ideas no se nos escapan, sino que se quedan pegadas a la página. Lo que acontece de una forma improvisada cuando nos limitamos a jugar «es» la creatividad.

Esos momentos fugaces, las palabras nacidas del error, son una parte necesaria de la creatividad, así que anótelas. No podemos ser creativos sin activar nuestra propia realidad.

06

La creatividad está dentro de nosotros y en ningún otro sitio.

Lo que registramos con nuestra cámara interior –ya resulte excéntrico, confuso, difícil o impenetrable– es algo que merece la pena atesorar; es valioso. Aunque se nos suela decir que es de utilidad registrar estas observaciones, que no tenemos creatividad, es exactamente al revés: lo individual desencadena enfoques inusuales y exclusivos.

Eso es lo que estamos buscando: una visión personal, irregular y distintiva. Trate sus errores como una forma de ataque contra la lógica convencional.

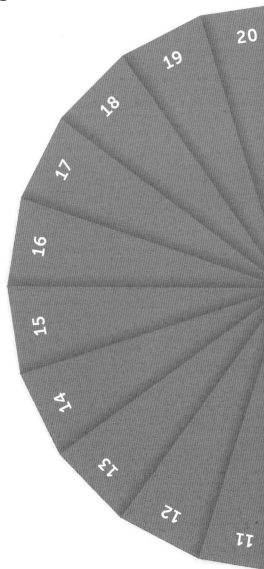

07

La visibilidad suele ser una analogía del proceso. Para registrar lo que le rodea con su cámara interior, habrá de reunir ciertas dosis de valentía. Pero no tema: no tiene por qué acometer grandes hazañas, ya que los pequeños registros de lo cotidiano son por sí mismos una forma de valentía.

Trabaje con lo que no comprenda, con lo que no haya experimentado antes, para, así, explorarse a sí mismo más profundamente.

08

Todas las técnicas de este libro se pueden emplear simultáneamente para generar un proceso denso que desate la creatividad.

Listas, visión asistida, proceso, cámara interior y acción: cree una nube más grande de material que se superponga, se mezcle, se conecte y se solape.

Use las técnicas como si fueran colores y mézclelas; experimente como lo haría con una paleta, intercalándolas.

PARA APRENDER MÁS

LECTURAS

A William Burroughs Reader
William S. Burroughs, editado por John Calder
(Pan Books, 1982)

Rub Out The Words: Letters 1959-1974
William S. Burroughs, editado y prologado
por Bill Morgan (Penguin Modern Classics, 2012)

River's Way: The Process Science
of the Dreambody
Arnold Mindell (Routledge & Kegan Paul, 1985)

For Inspiration Only
Future Systems (John Wiley & Sons, 1996)

Franny y Zooey
J. D. Salinger (Alianza Editorial, 2010)

INDAGACIÓN

Black Mountain College
Explore la producción de este centro de educación
de artes liberales de 1933-1957. La facultad contó,
en diferentes momentos, con Josef Albers,
Merce Cunningham, John Cage y Buckminster Fuller.

FORMACIÓN

PHotoEspaña, Madrid, España
Inscríbase en los estudios superiores o en el máster
PHE/PIC.A. PHotoEspaña es un festival internacional
de artes visuales y fotografía con sede en Madrid.

The Photographer's Gallery, Londres, Reino Unido
Realice un curso con su «cámara exterior» en esta
galería londinense. Sus actuales talleres incluyen
exploraciones de polaroids, codificación para
artistas visuales, *performance* y fotografía.

ESFUERZO PERSONAL

Pret a Manger
Hágase un hueco para pasar al menos una hora
sentado solo junto a la ventana de cualquier gran
cadena de cafeterías. Varíe su horario para visitar
distintos locales a lo largo de la semana. Siéntese
para observar y tomar nota de lo que vea: si hace
falta, reutilice el propio vaso de papel y úselo a
modo de cuaderno para escribir en él. Permita que
los grandes ventanales se conviertan en sus ojos.

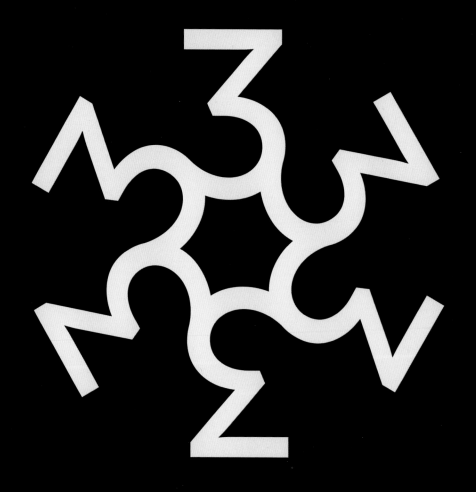

SIGA ADELANTE

LECCIONES

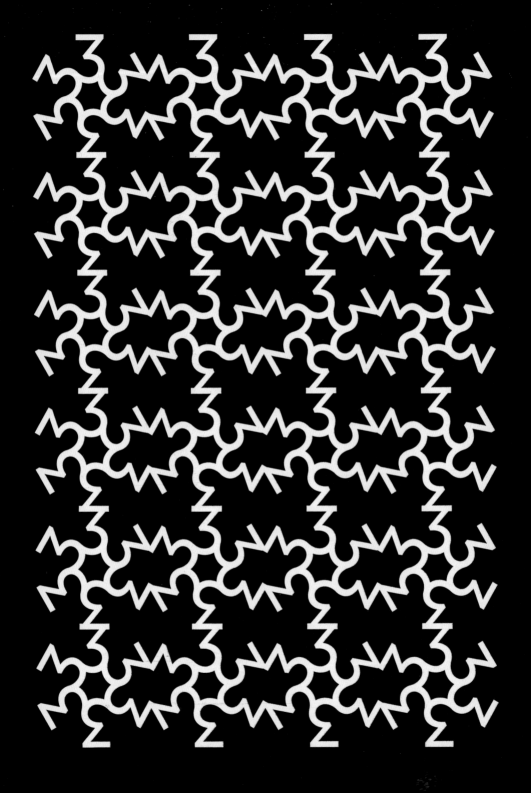

Pese a que fantaseamos con las cimas imperiales de escritores, creativos y artistas plásticos, lo que en esencia hacen es trabajar a diario para lograr pequeñas metas concretas.

He aquí el tercer capítulo del libro, donde hallará consejos para seguir adelante.

En él se formula una sencilla pregunta: ¿cómo se cultiva la perseverancia?.

Resulta evidente que el comienzo −si podemos empezar− es un gran paso, y que el resultado, el producto −si que es llegamos a verlo−, está muy lejos aún. ¿Qué sucede en medio, en el espacio en el que hay que seguir dándole vueltas al material, haciendo a diario algo que a menudo sentimos dista mucho de la perfección?

¿Cómo seguimos adelante durante ese tramo?

A menudo podrá usar las herramientas que ya ha adquirido gracias a este libro: los cuadernos y el proceso. Si dispone de estos dos elementos, todo se vuelve posible.

No se preocupe: puede lograrlo. La clave de la perseverancia es dar pequeños pasos a diario.

No tiene por qué tratarse de los voluminosos ataques que todo el mundo se imagina de los creativos; lo que en realidad hace falta son insignificantes movimientos modulares repetidos a diario.

Registre con su «cámara interior» todo aquello que pueda manejar con facilidad.

Este es el proceso mediante el cual estoy escribiendo este libro: una pequeña cantidad de material producida a diario en mi cuaderno y en el ordenador.

Pese a que fantaseamos con las cimas imperiales de escritores, creativos y artistas plásticos, lo que en esencia hacen es trabajar a diario para lograr pequeñas metas concretas.

No son ídolos, sino personas que también conducen automóviles, sacan la basura, van al supermercado y ven la televisión.

Son como cualquier otra persona.

LA PERSEVERANCIA

Si quiero perseverar, sigo adelante, reduzco el ámbito de mi atención a algo muy pequeño. Ocupo el estrecho espacio del ahora. Esta focalización me empuja hacia la creatividad sin requerir unas exigencias demasiado complejas.

Lo más habitual es mantener la atención unos 10 minutos.

En ese espacio de tiempo, la contemplación se puede concentrar de un modo preciso y directo (como si fuera un lápiz afilado) en aquello que se tiene delante.

Pruebe ahora a hacerlo en su cuaderno: emplee 10 minutos para tomar nota de lo que quiera.

Pueden ser palabras, garabatos, listas, bocetos, trazos, etc. Use todo ese tiempo para escribir, sin pensar en lo que está haciendo. En mi caso, siento que el vacío de la mente en blanco —el no considerar, sino solo hacer— es lo que me hace avanzar.

Abandone su yo crítico durante unos minutos.

Eche la mente censora a la papelera.

Por desgracia, no existe ninguna superteoría que pueda conceptualizar la creatividad por nosotros y hacer que la práctica de «hacer» desaparezca ni que nos permita erradicar el arduo paso de realizar realmente el trabajo.

(La he buscado, créame).

La creatividad es una práctica que implica hacer. El bolígrafo sobre el papel, el pincel mojado en la tinta, las sensaciones físicas nos recuerdan dónde estamos, nuestro lugar en el mundo y lo que necesitamos hacer.

Sin embargo, estos 10 minutos de «percibir», estrechados como un relámpago en la punta del bolígrafo, nos brindan perseverancia al hacernos avanzar con rapidez a través de las barreras de la inercia, hacia algo hecho:

Una página ☐

Un título ☐

Una observación ☐

Un estudio ☐

Estos elementos se pueden encadenar en formas modulares complejas y características.

Estos 10 minutos me recuerdan a las esculturas en zigzag hechas con cordones y papel de arroz que se encuentran a las puertas de los santuarios sintoístas en Japón, como pequeños relámpagos que nos aconsejan prestar atención a lo que tenemos delante.

Al igual que los materiales que sugiero en este libro, están hechas de papel y cordones, nada especial. Sin embargo, al estar ensambladas en largas cuerdas, ocupando espacio, ejercen un gran impacto: nos dan la bienvenida al espacio. Hacen que todo sea posible.

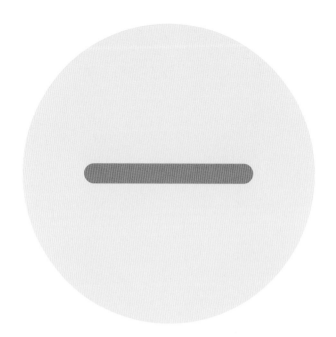

CAMBIO Y DESENFOQUE

Tal vez piense que el resultado no sea más que una mera serie de entradas de un diario de carácter personal y autobiográfico que carezcan de interés para nadie más.

Y en parte es cierto: así es como se empieza, porque por lo general no sabemos qué estamos haciendo. Empezamos creyendo que algo es cierto, pero, a los pocos días, los destellos de creatividad se agotan. Algo queda al descubierto. Después, se llega a otro nivel, a un centro fértil que puede tratar sobre algo muy diferente.

La visión exterior se vuelve interior.

Si logra realizar el ejercicio durante 30 días, le aseguro que se verá en un territorio completamente diferente.

Su visión se podrá ver sometida al cambio y al desenfoque, pasar de un estado a otro.

Tome nota de este otro consejo: al escribir, recopilar o dibujar durante esos 30 días, no mire atrás. Guarde los papeles en una carpeta o pase de página en el cuaderno. Se sentirá tentado de revisar lo hecho, pero debe resistirse. No mire el contenido hasta que el tiempo haya pasado.

Es otra forma de limitar el yo crítico y avanzar hacia el nuevo núcleo en crudo de algo nuevo.

Sea paciente.

A menudo, cuando piense en el posible futuro de su obra, en el resultado final, sentirá que su creatividad solo se le presenta como un problema, como una cuestión de perseverancia.

Si se preocupa por lo que haya de venir «después» de la creatividad (una exposición, un libro, un álbum, etc.), empezará a estresarse.

Esto me recuerda una ocasión en la que disfruté de una residencia en Itaparica, frente a la costa de Salvador, en Brasil. Una noche, tomé un taxi-motocicleta para ir al puerto al otro lado de la isla. Me senté en la parte de atrás de la motocicleta con pantalones cortos, una camisa ligera y los brazos alrededor del conductor.

Sea paciente. A menudo, cuando piense en el posible futuro de su obra, en el resultado final, sentirá que su creatividad solo se le presenta como un problema, como una cuestión de perseverancia.

Cuando llegamos a la cima de la montaña, justo en el centro, rodeados de palmeras, empezó a llover. Fue como una cesura: un lado soleado, el otro lluvioso y nublado, y yo en el centro, empapado.

Reflexioné sobre la actitud que ve una parte como negativa y la otra como positiva.

Allí me ví, en pleno proceso, a caballo entre esas dos actitudes.

Y me di cuenta de que al vivir realmete en el momento, no existen el bien ni el mal, solo acontecimientos. Cuando no me preocupo por el futuro de mi escritura, y no me estresa el «después», sino que me limito a hacer, entonces puedo ser verdaderamente creativo.

Si no se teoriza sobre la creatividad ni se piensa demasiado, los logros son mayores.

Limítese a hacer.

TOME NOTAS A DIARIO

Mi insistencia en los 30 días es un factor importante.

Esa es la cantidad mínima de proceso necesaria para que se pueda producir un cambio en el énfasis: el tiempo es un factor importante para que pueda tener lugar el cambio.

Pese a lo irresistible que pueda ser creer que toda esta creatividad se pueda lograr en la primera página, es imposible que sea así. Nadie puede empezar en una página en blanco y escribir una obra maestra. Las obras maestras no son más que acumulaciones de detalles.

Sin embargo, hay que empezar por registrar un ejemplo individual.

Para afrontar este desafío, me fijo tareas, cadenas a largo plazo de pequeños ejercicios que se prolongan durante días y meses, acumulaciones sucesivas de períodos de 24 horas que se enlazan y se retuercen en formatos finales y completos. Por ejemplo, en mi reciente diálogo «A-B» con el artista Roelof Bakker, logramos 158 *posts* consecutivos entre los dos: una conversación que duró dos años, durante los que practicamos la autobiografía, las cadenas del yo.

No le estoy sugiriendo que se sumerja en una serie larga y compleja (tenga cuidado de no abarcar demasiado).

De todos modos, pruebe a dedicar una hora al día, 7 días, una fotografía cada 24 horas, 10 minutos de quietud repetidos, 30 días.

Llévese a sí mismo más allá del límite de lo que se sienta capaz de hacer, a la inmensidad de lo que podría ser.

Además, intente organizarse de modo que siempre lo haga a la misma hora y en el mismo lugar:

Cafetería: 10:00 horas ☐

Parque: 13:00 horas ☐

Estación de tren: 17:00 horas ☐

Pizzería: 19:00 horas ☐

Hotel: 21:00 horas ☐

Cama: 02:00 horas ☐

Si se posiciona en circunstancias estrictas «para recibir», como una antena que captase datos, acabará por llegarle algo. Incluso si su mente deambula, en la acción repetida se verá físicamente concentrado, aquí, en el espacio de la espera de las ideas.

En esos breves 10 minutos diarios, podrá pasar del relato panorámico a las dosis indispensables de creatividad, a la ambición del ímpetu más grande y, sin más, regresar a la activación.

30

APARCAR UN AUTOMÓVIL

La repetición es útil, ya que nos permite relajarnos en el hacer.

No se vuelve a comenzar cada día, sino que se repite una acción preseleccionada, insertando un nuevo texto o imagen en un hueco vacío, igual que si aparcáramos un automóvil.

El valor de esta práctica es que reduce la ansiedad: cuando nos limitamos a hacer, podemos trabajar en modo automático, limitándonos a ver y a desactivar cualquier perspectiva crítica.

La repetición es la artífice de esto.

Si llego a mi escritorio todos los días a las 9 horas —lo más cerca posible de la hora de despertar, de los sueños, para, así, estimular el inconsciente—, y trabajo cada mañana hasta el almuerzo, me proporciono una «plaza de aparcamiento» y puedo limitarme a seguir con las cosas.

De este modo, dispongo de una práctica que solo consiste en hacer.

La idea de la perseverancia basada en momentos individuales en cadenas de 30, 60 o 90 días es una práctica: el ensayo diario de pequeños momentos que acumulan destreza y pericia. Después de todo, ¿qué es una novela sino 32850 momentos singulares (a razón de 30 minutos diarios durante 3 años) encajados en un formato más grande?

Mi propia experiencia en el *performance art* me permite pensar en estos rituales diarios, en estas cadenas de 90 días de experiencias, como en acciones que hacen avanzar los fragmentos. Aunque tal vez no suceda nada, al

Aparcar el automóvil ☐

Rellenar formularios ☐

Limpiar una ventana ☐

Comprar una entrada ☐

Fregar el suelo ☐

cada día, a la misma hora, se forma una compleja trayectoria.

Estas acciones, surgidas de las vanguardias de la década de 1970, forman parte en la actualidad de la creatividad popular: tomar una fotografía a diario, documentar todas nuestras comidas, recoger la basura, etc.

George Brecht, Tehching Hsieh y Dieter Roth: sería una buena idea emular la práctica de estos artistas. Son creadores que nos recuerdan el valor del proceso: lo que antes pensábamos que era el material de referencia, la investigación, es, en realidad, también arte.

Toda acción, por pequeña que sea, si se repite continuamente durante más de cinco minutos, nos saca de nosotros para llevarnos a un espacio más grande, más allá del cuerpo.

Donde estoy sentado ahora, intento llevar a cabo una acción repetida; si me siento y me pongo de pie durante un minuto, practicando en mi escritorio, entro en una nueva versión de mí mismo, un «no yo» que puede hacer que tenga lugar la transformación. (Practique solo dentro de sus límites personales).

Mediante la repetición, exploramos un yo más grande, el mundo de los artistas: aquel al que siempre ha esperado acceder.

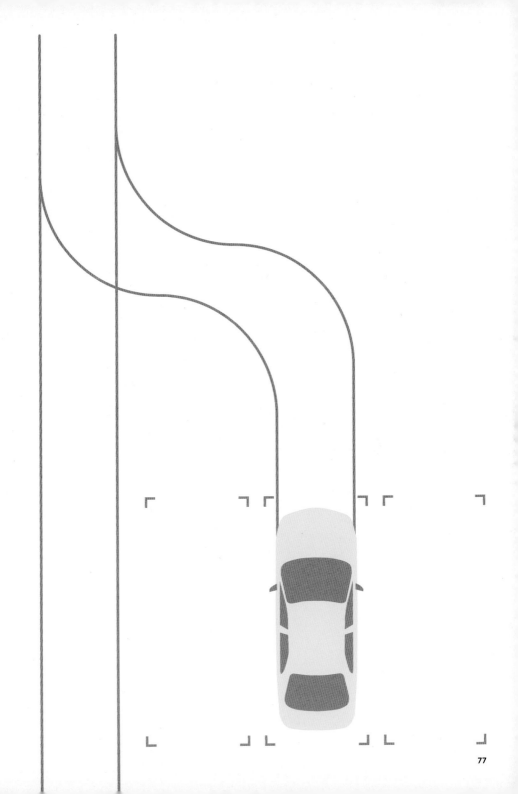

EL PROCESO
MULTIPLICAD
EL REGISTRO
A LA COMPLE
PEQUEÑOS P
CADA DÍA.

O POR
EQUIVALE
JIDAD.
ASOS

LOS VIAJES INTERIORES

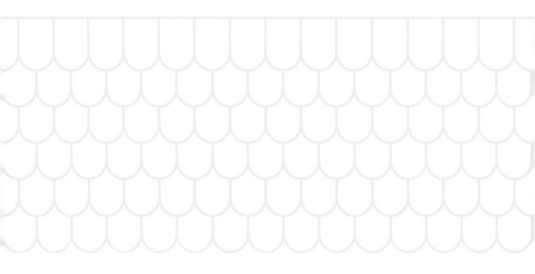

Sin embargo, ¿qué sucede si pasamos varios días sin escribir en el cuaderno, si titubeamos?

Suelo ver que la idea del viaje resulta de ayuda. Nos saca de los confines mentales del escritorio, de una situación que reduce nuestro potencial al trabajar solo frente a la pantalla de su ordenador, y nos ofrece un poco de bondad, una cualidad que está muy infravalorada en el trabajo creativo.

Salimos de las fórmulas del hábito y chocamos con el mundo real de los acontecimientos.

En este nuevo espacio, un ave, el claxon de un automóvil o el número cinco en un dial se convierten en elementos que saltan a nuestro encuentro. Estos acontecimientos pueden ofrecernos soluciones inesperadas a desafíos creativos difíciles al perturbar nuestra idea fija de la realidad (inextricable en nuestra mente) y suplantarla con una versión mejor.

Tal vez el tema subyacente de la bondad esté íntimamente relacionado con los «viajes interiores».

El viaje permite que las cálidas cualidades de la exploración penetren en el duro núcleo del implacable trabajo. Trátese con amabilidad: estos intrépidos viajes que le llevan lejos de su escritorio a menudo pueden ofrecer soluciones bastante sorprendentes.

Los viajes estratégicos nos pueden reanimar. Pruebe esta técnica. Realice un pequeño viaje:

> **Vaya andando a una tienda**
> **Suba en ascensor al último piso**
> **Rodee una manzana**
> **Tome un autobus y bájese en la primera parada**

(Que sean viajes sencillos al principio).

Estos viajes son «emboscadas de ideas».

Los viajes estratégicos nos pueden reanimar.

En los primeros días en una ciudad desconocida, se experimenta una agradable dislocación que permite ver sin los anteojos culturales.

Para acentuar esta sensación, viajo sin mapa ni guía. Sin embargo, se trata de un espacio de libertad breve, ya que es un estado que no tarda en desaparecer; así que recuerde que cuando mire con nuevos ojos un montón de limones, materiales de construcción o un automóvil rojo desvencijado, tendrá unas visiones originales pero efímeras.

Apresúrese a anotarlas en su diario.

Al llegar un domingo a Madrid, sentí la visibilidad que solo puede dar el estar solo en un lugar extranjero. Perseguí el sol mientras caía más allá de la estación de Atocha, sabiendo que aquella breve fase solar terminaría pronto, y, con ello, mi vergüenza y mi originalidad se perderían. Así que me senté afuera, junto a los que estaban practicando *skateboard*, y me puse a escribir en mi cuaderno y a ver a los madrileños hacerse *selfies* hasta que la luz se desvaneció.

Estos juegos del ir de dentro afuera, esta suerte de jugar al escondite con nosotros mismos, son elementos útiles de los «viajes interiores»; nos sacan de los confines físicos de la oficina y el hogar para llevarnos a una versión más expuesta de la realidad.

No podemos confiar en la fórmula establecida, en el enfoque rutinario. En lugar de esto, siéntase perdido, abandonado, en un lugar desconocido. Este juego del escondite al que me refiero es una forma de adentrarse en la vulnerabilidad y la dificultad con la que se puede estimular el proceso.

Los viajes estratégicos pueden forzarnos a abordar la realidad de una nueva manera.

EL GLOBO REVENTADO

Las estrategias de esta sección del libro −repetición, 10 minutos, viajes internos, 30 días y regularidad− nos brindan una cuerda de salvamento que nos impulsa hacia el futuro.

Son el ahora que se repite una y otra vez.

Nos recuerda que nuestro propio «viaje» se prolonga hacia el futuro, más allá del momento del hacer, creando un paisaje interior virtual de naturaleza continua.

Nunca nos vemos limitados por el ahora.

Lo irónico es que al centrarnos en 10 minutos, en el ahora, expandimos nuestro potencial y nuestra conciencia creativa más allá de lo que está sucediendo justo delante de nosotros y hacia un espacio del yo más grande. Puede que le parezca imposible: compruébelo por sí mismo. Le garantizo que su paisaje interior virtual se ampliará.

Piense en ello como en ponerse unos cascos de realidad virtual; de repente, se nos eriza la atención, la conciencia alcanza un estado óptimo y podemos ver con claridad.

A menudo he llevado la idea de los viajes al extremo, haciendo viajes en solitario activamente para generar proyectos: viajé a Taiwán y Japón para crear mi obra «[four walls]» (2004). Durante el trayecto, reflexioné sobre el ladrido de los perros, el templo de Confucio, la realidad virtual y Tadao Andō; ninguna de estas intervenciones habría sido posible sin la idea de mi viaje, una forma que unió todos estos elementos dispares en una sola estructura.

De hecho, le animo a que considere la utilidad del formato del ensayo, ya que encaja totalmente bien con la idea o noción de este libro sobre el fragmento, la pieza. Todos estos elementos, ensartados de modo que queden holgados en largas y elegantes líneas (como bombillas en una cuerda), pueden agruparse bien en un ensayo.

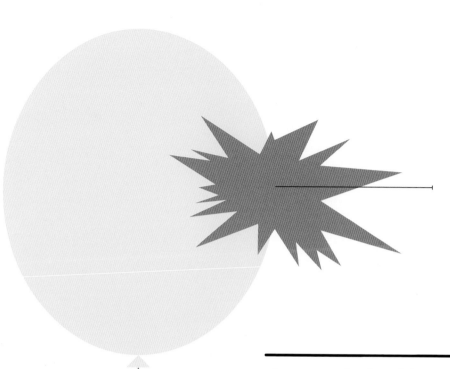

En un grupo que tuve, les pedí a los participantes que llevaran un objeto que se hubieran encontrado en la calle. A la semana siguiente, describieron las experiencias de estos singulares viajes; una mujer se encontró junto al río recogiendo fragmentos de un globo reventado, hermosas piezas para su joyero de emociones.

Al centrarse en el ahora, pudo ver con una claridad inédita hasta entonces para ella.

Busque en los sitios de construcción, en las calles abandonadas, en las vistas elevadas.

Incluso cuando esté en su ciudad natal, imagínese que es extranjero.

UNA PEQUEÑA PARCELA DE FUTURO

En este tercer capítulo del libro sugiero técnicas que se basan en la idea del cuaderno y el proceso.

Puede que sea un enfoque que resulte todo lo contrario de aquello a lo que esté acostumbrado: pensar en una idea, desarrollarla, crear un objeto, producirlo (producto en lugar de proceso).

Según mi versión de la creatividad, se crea un campo físico, una red, un receptor interno (mediante su cuaderno), que recoge y recopila el proceso. Estas acciones no tienen por qué ofrecer ideas completas, sino que crean un rico paisaje a partir del que, con el tiempo, se forman conceptos más originales. Es algo que ayuda a pasar del cliché a un terreno más fértil.

En lugar de, por ejemplo, pensar que «escribirá una novela», decida empezarla ahora, hoy, a la vez que asume un conjunto más pequeño de ambiciones y les dedica 10 minutos al día. A partir de este proceso, al que llamo «autoescritura», tal vez acabe por surgir una novela.

Sin duda, será una experiencia más gozosa: lo importante será el crecimiento y el desarrollo de sus habilidades escritoras.

Este es «el mito de la gran idea»: que, para empezar, hay que contar con un concepto claro y desarrollado, que se avanza en etapas estratégicas, paso a paso, y hacia una meta cerrada y comercial.

Mi filosofía –pequeña y oriental– es otra: el proceso multiplicado por el registro equivale a la complejidad.

¿Se le ocurre de qué forma integrar este enfoque?

Una de las formas de evitar «el mito de la gran idea» es el trabajo físico. En estas situaciones siempre me dejo influir por la Gestalt.

Este enfoque, inventado por Fritz y Laura Perls, da prioridad a la posición experiencial. Las ideas se representan físicamente en el espacio seguro de la sesión terapéutica para explorar el potencial que tengan. Dado que mi propia experiencia se encuentra en estos métodos experimentales, resulta muy útil integrar sus procedimientos.

Según mi versión de la creatividad, se crea un campo físico, una red, un receptor interno (mediante su cuaderno), que recoge y recopila el proceso.

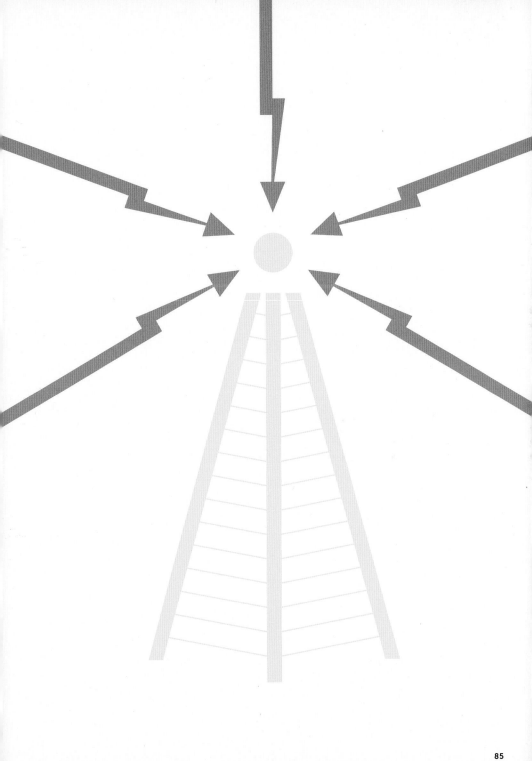

TIQUES DE SUPERMERCADO

Este enfoque físico siempre resulta emocionante y pone en tela de juicio las principales ideas preconcebidas sobre la creatividad. Al levantarnos, al movernos o al caminar, no podemos permanecer en la misma realidad: tenemos que adaptarnos. La mayor parte del estancamiento procede de la adopción de posiciones inmóviles:

> **El trabajo habitual de oficina**
> **Las relaciones habituales**
> **Los sistemas repetidos**
> **La disposición normal**

Lo bonito del cuaderno físico es que nos aparta de la pantalla del ordenador.

La tecnología actual, claro está, es sorprendente en cuanto a lo que se puede lograr. Sin embargo, a menudo nos permite presentar las primeras ideas no conformadas de una manera visual muy coherente, con un brillo irreal.

El cuaderno, dado que es tremendamente primitivo, no nos ofrece esto: aunque dificulta el trabajo (piezas en contraste, flujo terminado, accidentes radicales), puede brindar unos resultados más emocionantes e inusuales.

Lo posibilita físicamente. Después de todo, no somos meros ordenadores, sino cuerpos que se mueven por el espacio.

Incluso cuando trabajo en el ámbito informático, tiendo a hacer mis primeros «viajes interiores» en el cuaderno. La tensión entre lo real y lo imaginario, entre el cuaderno físico y la pantalla del ordenador, enriquece la labor.

El trabajo, por ejemplo, que hizo Google en el desarrollo de la normativa de diseño Material Design (2014) se realizó con maquetas de papel y cartón. Pese a que buscaban obtener productos virtuales, fomentaron un proceso profundo en sus desarrolladores mediante la elaboración de modelos a partir de materiales físicos.

Una forma de lograrlo es integrar distintos soportes para expresar su idea.

Emplee:

Imágenes ☐

Grabaciones sonoras ☐

Material de investigación ☐

Páginas de cuaderno ☐

Vídeos ☐

(Gran parte de mi propia escritura la he plasmado al instante en tiques de supermercado).

+ EJERCICIO

Cuando vaya a darle forma a su concepto a partir
de esta diversidad de materiales, dispóngalos
en el suelo, sobre paneles, y juegue con la relación
que se establezca entre los distintos elementos.

Siéntase libre de mover las piezas, invertir
la idea, ponerla del revés, etc.

Después, póngase en pie:

> **¿Qué ve al volver a mirarlo?**
> **¿Qué conexiones físicas y emocionales hay?**
> **¿Qué perspectiva le da la observación
  del concepto?**
> **¿Qué cambiaría?**

De esta forma, estará ocupando una pequeña
parcela de futuro.

No la grandiosidad de las ideas lejanas,
sino la realidad del aquí y el ahora que
se tenga delante.

HERRAMIENTAS

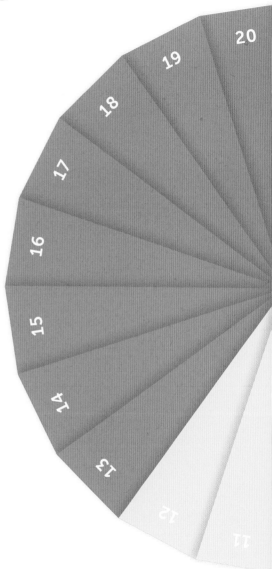

09

La perseverancia consiste en 10 minutos diarios: cadenas de pequeños acontecimientos vinculados entre sí de forma modular. Desarrollar estas largas cadenas de acción, a lo largo de 30 días proporciona una base esencial a la creatividad.

Esos 10 minutos, en los que se verá impulsado por su cuaderno y activado por la observación, son los elementos constitutivos del proceso.

Libere su yo creativo para que esté abierto a los acontecimientos fortuitos que ocurran a su alrededor.

No piense demasiado en la creatividad y limítese a hacer.

10

La reiteración, la repetición regular de una acción, es hoy en día un recurso familiar. Con todo, hubo un tiempo en que fue dominio exclusivo de las vanguardias artísticas. Cincuenta años después, ha pasado a formar parte del *mainstream*: en cualquier caso, puede seguir valiéndose de su forma original, como herramienta artística, para desarrollar su creatividad.

George Brecht, Linda Montano y Dieter Roth: desde el Fluxus hasta el *performance art*. No dude en servirse de estos métodos del mundo del arte para ampliar los recursos de su práctica.

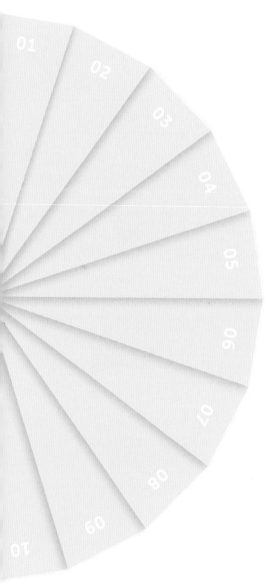

11

Sea amable consigo mismo. Las cualidades
de la exploración, la curiosidad, la introspección
y la indagación nos alejan del duro mundo de
la productividad para llevarnos a un espacio
más maleable, donde podemos sustentarnos
y mostrarnos algo de autocompasión.

La creatividad no consiste en cavar ideas en el
vacío sin parar; puede ser movible, experimental.

Sentirnos «perdidos» es una buena forma
de explorar esta cualidad.

12

Las ideas creativas surgen del proceso; la relación
regular con su propia realidad y su propio ser es
la auténtica fuente.

Por lo tanto, préstele atención al proceso.

Hay veces en las que este parece no conducir
a nada: no se preocupe. Al final, le permitirá
desarrollar un enorme recurso del que podrá
valerse a diario.

Sea paciente.

PARA APRENDER MÁS

LECTURAS

Water Yam
George Brecht (Fluxus Editions New York, 1963)

Tadao Ando 141: la geometría del espacio humano
Masao Furuyama (Taschen, 2007)

Out of Now: The Lifeworks of Tehching Hsieh
Adrian Heathfield y Tehching Hsieh (Live Art Development Agency and The MIT Press, 2009)

Dieter Roth: Processing the World
Dieter Roth (Les Presses du Réel, 2014)

Artwords: Discourse on the 60s and 70s
Jeanne Siegel (UMI Research Press, 1985)

ESFUERZO PERSONAL

Barajas de cartas
Construya sus propias instrucciones de *performance* como homenaje al artista George Brecht. Yo empleo la marca Silvine de fichas forradas. Se pueden encontrar en papelerías, aunque puede preparar las suyas propias en hojas de papel blanco. Escriba en cada una una acción diaria que pueda realizar. Después, barájelas.

FORMACIÓN

QMUL, Londres, Reino Unido
La School of English and Drama, de la Queen Mary University de Londres, está especializada en *performance* y mantiene un fuerte compromiso con la práctica contemporánea.

Sacatar Foundation, Itaparica, Brasil
El Instituto Sacatar dispone de un programa internacional de becas de residencia para artistas en la isla de Itaparica, frente a la costa de Salvador, en el estado de Bahía, Brasil.

VISITAS

El templo de Confucio
Realice su propia ceremonia sintoísta en el templo de Confucio en Taipéi, Taiwán. Improvise. No le daré más instrucciones para, así, evitar inhibirle. El guarda me preguntó si era una estrella de cine.

Dia Art Foundation
La galería neoyorquina cuenta con un programa de arte contemporáneo.

SER INGENIOSOS

LECCIONES

Las prisas por dar con la gran idea nos hacen pasar por alto a menudo lo que ya tenemos; es fácil ignorar aquello que se encuentra ante nosotros mientras buscamos en algún otro lugar.

He aquí el cuarto capítulo del libro, en el que expondré más métodos, consejos y técnicas para que los integre en su práctica.

Una pregunta directa: ¿cómo puede uno seguir desarrollándose?.

Las prisas por dar con la gran idea nos hacen pasar por alto a menudo lo que ya tenemos; es fácil ignorar aquello que se encuentra ante nosotros mientras buscamos en algún otro lugar.

Tal vez exista un concepto útil que pueda ser un buen punto de partida —podría ser el hogar, las relaciones, el medio ambiente, la interacción—, las cosas simples que se tengan delante.

La creatividad no está en ningún otro sitio. No es algo que esté al margen de nosotros; es nosotros.

Retomo la idea de la percepción consciente. Si queremos ser creativos, no debemos ser pasajeros, personas que pasan sin más y con un enfoque restringido de la comprensión. Debemos desafiarnos a ver realmente más allá de los clichés que se nos presentan y emplear la realidad, tal como es, para interrogar estas posiciones.

A menudo creemos que la creatividad les pertenece a otras personas, y que son estas las que tienen el derecho a ser creativas. Es una visión que no comparto. Creo que cualquier persona que lea este libro es creativa. Si sigue concediéndole el derecho a la creatividad solo a otras personas, se estará haciendo un flaco favor y disminuirá su potencial.

La creatividad es una exploración de lo que se tiene dentro.

Vamos a mirar el cuerpo, a esas primeras ideas, como una forma de empezar la vida creativa.

Despierte.

EL PIANO PREPARADO

La preparación es una parte crucial de nuestra caja de herramientas creativas.

Esta nos permite estar listos, concentrados y ante la página para cuando llegue la creatividad. De otra forma, las ideas se marchan flotando. Del mismo modo, la creación de un espacio preparado, de oportunidad, resulta una metodología esencial. Estar preparados equivale, en esencia, a ser creativos.

Cuando paseo por la ciudad, voy con mi «cámara interior» encendida. Veo un edificio derribado, una nube de polvo, una vieja cocina marrón aplastada contra una pared, arañazos en el vidrio de protección del autobús: todo lo guardo en mi espacio preparado, en la zona abierta de mi cuaderno.

Conocí el proceso durante mi adolescencia de una manera inusual mediante los escritos de John Cage, en especial, su libro de conferencias y notas titulado *Silence*. Aunque llegué a su obra por medio de la música experimental, es la filosofía (el budismo zen, los procedimientos aleatorios, la influencia oriental, etc.) lo que sigue a mi lado.

Me gustaría llamar su atención sobre el trabajo que hizo con el piano preparado. Es un buen ejemplo del proceso utilizado de una manera sencilla para da lugar a un resultado complejo. El piano preparado es un instrumento que cuenta con dispositivos, tornillos y bloques colocados entre las cuerdas para darle un timbre percusivo con un tono muy diferente del de su manifestación habitual.

Cage se valió de este ingenio para lograr unos efectos al margen del rango orquestal occidental habitual. Sin embargo, en última instancia, sigue siendo un piano: se puede desmontar y volver a armar.

La habilidad de Cage residió en que tomó un elemento normal y, usando un pequeño pero significativo giro, lo llevó hacia un plano exótico.

Aún conservo una copia en vinilo del álbum de Cage titulado *Sonatas & Interludes for Prepared Piano* (la versión de John Tilbury). Cuando lo veo girar en el tocadiscos, me acuerdo de qué significa:

> **Adaptarse a la realidad**
> **Dar pequeños pasos**
> **Inventar con libertad**
> **Dar la vuelta a las cosas**
> **Provocar accidentes**

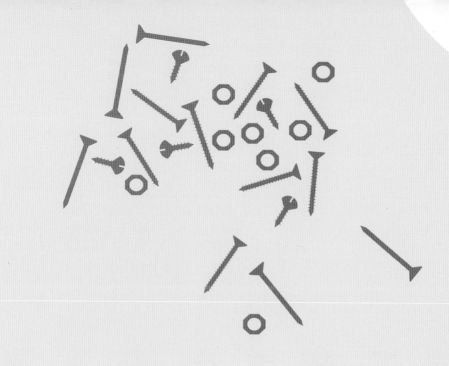

✛ EJERCICIO

Veamos si puede adopar el enfoque de Cage y aplicarlo en el cuaderno. Por ejemplo:

> **Despedácelo**
> **Salte de una sección escrita a otra**
> **Arránquele varias páginas**
> **Léalo empezando por el final**
> **Lleve consigo un trozo de él cada día**

Lo que sea excepto usarlo tal cual.

Pruebe con esa sencilla alteración: ponga el cuaderno de lado, apaisado, y escriba extendiendo cada línea a lo largo de la página. Fíjese en cómo este gesto adapta su proceso de trabajo y transforma lo cotidiano en su contrario.

De hecho, como en el caso de Cage, lo conceptual se aplica a medios muy limitados, y no para buscar una solución que pueda ser revolucionaria, sino para realizar pequeños movimientos laterales que alteren la percepción de manera significativa.

Evite la enormidad de las gigantescas decisiones filosóficas y haga pequeños cambios a diario.

En este sentido, el estar «preparados» resulta también un estado mental útil que nos puede ayudar con la creatividad. Sugiere que la preparación nos permite atrapar la creatividad cuando llega.

El creativo preparado siente la oportunidad, está abierto al proceso, asume pequeños riesgos y mira hacia dentro.

NO PASA NADA

La falta de eficiencia melódica de John Cage, una cualidad que hasta entonces le había excluido del canon occidental, le obligó a desarrollar su obra en el ámbito de la percusión, y, en un movimiento que le llevó de Occidente a Oriente, a emplear escalas rítmicas de gamelán.

Este tipo de viraje filosófico es de gran efectividad, y uno que podría adoptar.

Si no puede trabajar con un formato convencional, piense en un estado de ánimo, un volumen, un lugar o la brevedad como si fuera su especialidad. Haga un cambio para pasar del lugar en el que se vea con poca capacidad a un nuevo territorio, sin relación, en el que pueda crecer.

En vez de darse de bruces con el bloqueo, gire hacia una zona de prácticas en la que no haya nadie para tener más oportunidades de éxito.

Dado que todo el mundo quiere comenzar «por el principio», empiece su nueva idea justo por el final, cuando todos los demás se hayan rendido.

+ EJERCICIO

El mundo de «lo narrativo» está siempre superpoblado; abandone las zonas convencionales de la dinámica y pruebe con lo siguiente:

> **No pasa nada**
> **Una casa vacía**
> **No hay clímax**
> **Actividad cotidiana**
> **Horas de espera desperdiciadas**

En lugar de darse de bruces con el bloqueo, gire hacia una zona de prácticas en la que no haya nadie para tener más oportunidades de éxito.

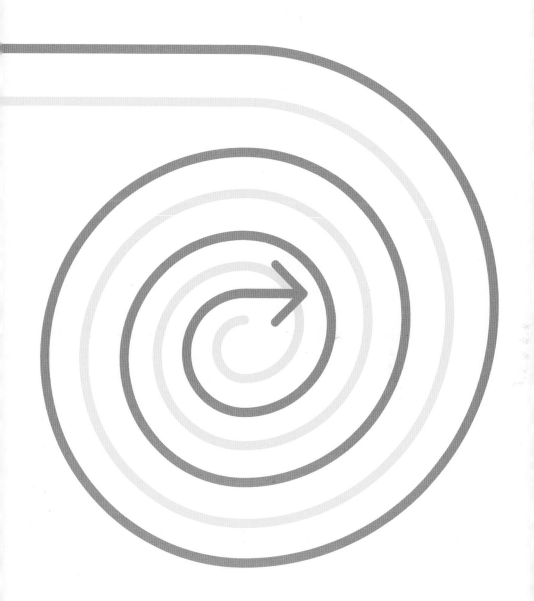

INTEGRE EL CUERPO

El cuerpo también es una metodología.

Aunque a menudo no podemos verlo porque lo tenemos muy cerca, nos proporciona una forma de incorporar el proceso a nuestra creatividad, una complejidad instantánea a la que se puede recurrir en momentos de necesidad.

Es el conducto que nos une a nosotros mismos.

Siempre me ha influido la pieza que realizó la artista Linda Montano junto con Tehching Hsieh que lleva por título *Art/Life: One Year Performance 1983-1984*, y en la que Montano y Hsieh se pasaron un año atados el uno al otro con una cuerda de dos metros y medio. Esta cuerda me sugiere (entre otras cosas) la realidad que nos une al momento presente: el ahora del que hablamos en este libro.

La dedicación, el compromiso, la confianza y la solidez que Montano y Hsieh necesitaron para hacer esta obra también me recuerda, de una forma más simplificada, a la persistencia cotidiana que todos necesitamos para desarrollar nuestra creatividad.

A menudo pienso en esa cuerda atándonos a «lo que es».

Cuando, por ejemplo, preparo café, no hago otra cosa que preparar café, y cuando veo cerezas en un cuenco azul, lo único que hago es mirarlas.

Las cerezas me atan al ahora del mismo modo que la cuerda ataba a Montano y a Hsieh.

Es una idea útil en la búsqueda de la creatividad, porque nos ayuda a centrarnos en lo que tenemos directamente delante, que suele resultar el concepto más útil para que avancen las ideas. Así, como mi concepto actual son las cerezas, podría describir esas cerezas específicas en ese cuenco exacto y escribir mi descripción detallada para adherirla aún más a la página.

Como en el cuenco parecen microbios que se retuercen, puede ser que lo use en mi escritura, para ampliar mi concepto.

Sea lo que sea que tenga delante, es la idea.

Mientras escribo este libro, cuando me quedo atascado, integro lo que tengo delante de una manera directa e indiscutible, aun cuando al principio parezca no tener sentido. Así, por ejemplo, cuando aparece Linda Montano, la llevo a mi texto.

Lo mismo sucede con el piano preparado, los microbios, las cerezas y los granos de café. Esta improvisación es la única técnica que conozco que funciona de verdad. Pone a la persona creativa justo al borde de su potencial para que trabaje de una forma improvisada y en directo con lo que tenga en su biblioteca interior.

En cierto modo, es un método con el que crear una suerte de sueño en directo, una ensoñación al límite que saca lo mejor de nosotros.

Sea como fuere, no tiene por qué atarse con una cuerda durante un año entero para acercarse a la ambición y al compromiso de Linda Montano y Tehching Hsieh. He descubierto que el sencillo hecho de ponerse en pie atrae una energía similar.

✛ EJERCICIO

Este experimento se puede aplicar fácilmente en un contexto grupal.

Retire las sillas y pídale a los participantes que se pongan en pie. Pídales que busquen un lugar de la habitación que se ajuste a su comportamiento y estado de ánimo.

¿Qué sienten? De pie a algunas respuestas: ¿por qué han elegido quedarse en tal parte de la habitación? Tal vez esté abarrotada, o vacía. Anímelos a que definan los contornos del espacio y sus propias elecciones. ¿Por qué están donde están?

¿Pueden fijar el progreso de su proyecto creativo en ese emplazamiento?

Con frecuencia me encuentro con que, hasta en la más corriente de las salas de conferencias, el mero acto de levantarse y moverse por el espacio supone un auténtico acto radical de subversión que impulsa a los participantes hacia un espacio fluido e ilimitado del yo creativo.

Tenga cuidado. Moverse físicamente desde una posición fija crea un punto de entrada a un contexto de una mayor complejidad emocional en el que entran en juego las diferencias de jerarquía y estatus. Esté preparado para los cambios que pueda acarrear este giro filosófico.

Cuando realice este experimento, delimítelo y establezca un límite de tiempo siempre. Asegúrese de predicar con el ejemplo en su papel como moderador.

ÉPOCA DE INMATERIALIDAD

En la era de la inmaterialidad, en la que todo lo que nos rodea es virtual y se accede por medio de la superficie inteligente de la pantalla del teléfono móvil, resulta útil recordar nuestro propio lugar físico en el mundo de la sustancia: lo que nos rodea.

Caja, página, recipiente, escalera, amplificador, marco, madera: todos los objetos que puedo ver en mi habitación.

Al igual que la cuerda de Montano y Hsieh, estos elementos nos atan al mundo de las superficies sólidas, de la perseverancia. Quizá todo lo que hemos estado hablando hasta ahora en el libro haya sido un intento de evitar la fantasía de la creatividad; nos estamos anclando en lo real como una forma de entrar en lo creativo.

En el mundo moderno, la idea de «mantenerse ahí» puede parecer complicada. Después de todo, ¿no se nos está ofreciendo siempre la posibilidad de distraernos mediante las compras, la televisión, los viajes y las redes sociales? Sin embargo, siempre disponemos de una herramienta con la que podemos «mantenernos», nuestro propio cuerpo. Solo estando en el cuerpo podemos hacer efectivo nuestro propio cambio.

EJERCICIO

¿Qué le dice su cuerpo sobre el desafío que tiene entre manos? ¿En qué parte lo percibe?

Intente localizar su centro en el propio cuerpo. Búsquelo en las siguientes partes:

> **El corazón**
> **Un brazo**
> **La piel**
> **Los nervios**
> **Los pulmones**
> **Un pie**
> **Un ojo**

(Nota para uno mismo: puede seguir cambiando de posición mientras mira).

Céntrese en esa parte del cuerpo, como si estuviera pelando capas.

Eso le llevará a estar momentáneamente en el centro del bloqueo; use esta información privilegiada para abordar el problema que tenga. Si se trata, por ejemplo, del corazón, trate de permanecer con él según transcurra su día normal. Tóquese el pecho de vez en cuando en este lugar importante para seguir conectado.

El cuerpo nos ancla al presente; cuando grabe con su «cámara interior», cuando evoque el «proceso», sírvase de lo físico como forma de llegar a ese mundo.

Inhale creatividad; exhale lo que no necesite, como si fuera un humo de segunda mano.

LAS PRISAS CON LA GRA NOS HACEN POR ALTO A LO QUE YA

POR DAR

N IDEA

PASAR

MENUDO

TENEMOS.

LOS PRIMEROS PENSAMIENTOS

Es frecuente que nuestro primer pensamiento sea el más inspirado. No hace falta ir más allá de esta idea; extráigala, expándala, céntrese en ella y elabórela.

No pase de inmediato al siguiente episodio: mantenga lo que ya tiene.

Cuando trabajo en mis propios proyectos, insisto en estas «paradas», en poner puntos donde no avanzo. Asumo que si me muevo, lo que estoy haciendo es poner en práctica una estrategia de evasión. Así que me «paro» y exploro la palabra en todas sus posibilidades (la superficie dura del lugar en el que se encuentra).

En anteriores páginas del libro, expuse el ejemplo de mi proyecto ESPELIDES, una idea que se me ocurrió en un sueño. Podría haber cambiado después el nombre del sitio web por otro, uno más apropiado, pero lo dejé a modo de «parada». No fue hasta más tarde que me di cuenta de que las tres primeras letras del nombre eran ESP, cosa muy apropiada dada la clarividente naturaleza del material.

Así pues, ese «mantenerse ahí» puede brindarnos más pistas cuando queremos ahondar en algo. Las ideas crecen con el tiempo; no son, al contrario de lo que se cree, instantáneas, sino que se desarrollan en función del proceso. Tras varias redacciones y ampliaciones, tachaduras y asociaciones de palabras, al final emergen como un producto original.

En mi caso, mi primer pensamiento y mi último movimiento, cuando ya estoy agotado, son los que me brindan las mejores ideas.

Si está grabando música, la primera intentona (cuando no se sabe lo que se está haciendo) suele ser la mejor, ya que la falta de comprensión da lugar a una primera toma inusual. El último intento (cuando sabe bien lo que quiere pero está abrumadoramente cansado) también suele ser excelente, ya que brinda el espacio necesario para que afloren las ideas.

+ EJERCICIO

Tome un título y descompóngalo. ESPELIDES,
por ejemplo, además de ESP, contiene las palabras
lid («párpado»), *sees* («ve»), *lies* («miente»), *speed*
(«velocidad»), *peel* («pelar»), *deli* («charcutería») y
spies («espía»). ¿Qué me dice esto sobre mi proyecto?

¿Me estoy espiando a mí mismo? ¿Es revelador?
¿Tal vez trate sobre ver? ¿Un potencial visionario?
¿Acaso guarda alguna relación con trabajar deprisa?
¿Con que no piense demasiado en una idea? ¿O, por
último, con pelar capas? ¿Están exponiendo algún
núcleo esencial? Puede tratarse de todo eso.

Explore todos los subconjuntos que haya en su
título: es una forma de comprender la vida interior
de su idea, su yo íntimo. Incluso si ninguno de
estos «títulos provisionales» viera la luz del día,
aun cuando no salieran de su cuaderno, siga
en sintonía con ellos, despierto, abierto a los
elementos lúdicos que contenga el título. Estas
capas invisibles siempre le añaden una agradable
complejidad a cualquier proyecto, una densidad
filosófica que aporta riqueza.

DEL TECHO A LAS NUBES

Si se siente atascado, con la creatividad bloqueada,
diríjase siempre al pavimento para inspirarse.
En los estados de curiosidad agotada, todo
se vuelve claro, visible.

De la misma manera, las versiones «guía» de
todo proyecto, las demostraciones o los bocetos,
a menudo proporcionan alguna cualidad central
que puede estar ausente en versiones posteriores.
Siempre vuelvo a mis garabatos iniciales de
conceptos en servilletas, las cuales guardo dobladas
entre las páginas de mi cuaderno. Son como flores
aplastadas, energía concentrada de la primera
chispa anotada en el papel.

Al final de un proyecto, vuelvo a esos prototipos
para comprobar que no falte nada. Es frecuente
perder el ímpetu inicial de una idea en su
encarnación final.

Una palabra modificada, un título corregido,
una alteración gramatical y, de repente, el carácter
de su obra se pierde. Procure no ordenar en exceso
sus borradores ni integrar la sintaxis convencional.

El carácter es un error.

Allen Ginsberg fue quien acuñó esta frase:
«El primer pensamiento, el mejor pensamiento».
Al hacerlo, se refería a su propia práctica
de la escritura y a las técnicas de sus amigos
Jack Kerouac y William Burroughs, ya que
en la generación *beat* se apreciaba mucho
la naturaleza espontánea de la escritura.

Con todo, Ginsberg, en mi opinión, también
estaba cavando en una profunda veta de la
filosofía budista. Me recuerda a la práctica
de los *kōans* del zen Rinzai, a esas preguntas
o diálogos de carácter críptico entre un
discípulo y su maestro que giran en torno a la
no dualidad y que a veces ofrecen respuestas
elusivas u obscuras.

Este tipo de conversaciones suelen ser
ligeras y espontáneas. Por lo que la frase de
Ginsberg: «El primer pensamiento, el mejor
pensamiento», produce una sensación de
improvisación que aporta a la creatividad
un tacto de una sutileza envidiable.

Imagínese un libro que se titulase
Los primeros pensamientos; ¿qué podría
contener un volumen de tal sencillez?

El primer pensamiento es la parte superior del autobús en el que viaje, o la vista desde su ventana; es donde se posa la mirada: del techo a las nubes, al campanario...

En esta intuición momentánea se pueden discernir todas las respuestas u obtener un punto de entrada para un proceso posterior; el campanario eleva la idea y la carga como un cohete.

He aquí varias de las ideas que hemos ido viendo:

> **Proceso**
> **Visión asistida**
> **Dobles**
> **Primeros pensamientos**

Todas forman una cadena, un bucle de fisión que puede seguirse una y otra vez en el cuaderno como si fueran largas secuencias de ADN. Ni una idea, ni la última, sino múltiples conexiones de polímeros que parpadean como bombillas.

SOMOS NOSOTROS, AQUÍ

Es fácil pensar en la creatividad como algo que se encuentra «ahí fuera».

O en el dominio de otros, algo que sucediera en algún otro lugar del mundo: Los Ángeles, Berlín, Londres, Taipéi…

Este «ahí fuera» no es más que una proyección, una forma de poner en manos de los demás lo que no podemos contener. Estos «creativos» son figuras de fantasía, ideas nacidas de la imaginación popular y que en realidad no existen. Tal vez esta amnesia nuestra sea lo que ponga a estos individuos creativos por encima de nosotros, fuera de nuestro alcance, para, así, mantenernos en la pasividad, encerrados en una relación negativa con aquellos que pueden guiar creativamente.

Claro está que hay personas con una gran creatividad, que han desarrollado esta habilidad, que son expertas, pero siempre se puede hacer aumentar la creatividad para, con ello, desarrollar nuestra propia destreza creativa.

La imagen que uso para ilustrar este hecho es la práctica de escalas al piano: aunque son complicadas, hasta un niño puede aprender. Además, es una actividad expansible: puede comenzarse con el *do*, lo más sencillo, e ir avanzando para incluir más notas.

La destreza creativa se desarrolla paso a paso.

Este libro es una guía hacia ese proceso.

Pensar en la creatividad no como en algo que está «ahí fuera» sino «aquí dentro» también comporta otra útil ventaja: frena el proceso de la fantasía.

Sí, la creatividad puede ser difícil, pero podemos abordar esta dificultad dentro de nosotros mismos.

Tal vez no llegue a convertirse en un gran artista (¿quién sabe de lo que es capaz?), pero de lo que no cabe duda es de que está conectado al artista que lleva dentro.

Sí, la creatividad puede ser difícil, pero podemos abordar esta dificultad dentro de nosotros mismos. Tal vez no llegue a convertirse en un gran artista (¿quién sabe de lo que es capaz?), pero de lo que no cabe duda es de que está conectado al artista que lleva dentro.

«In C» («En *do*») es también el título de una pieza del compositor estadounidense Terry Riley. La obra consiste en una partitura y un conjunto de instrucciones: 53 pequeños fragmentos para cualquier número de músicos.

El original enfoque de Riley influyó en mi propia idea de la creatividad: movimientos muy sencillos, diarios, ejercicios de escritura, todo ello agrupado en complejas formaciones. Una experiencia modular. Estas pequeñas partes pueden disfrutarse por sí mismas, con solo escribir, pero también pueden, a lo largo de muchos años, convertirse en algo que se quiera compartir con los demás en el ámbito público.

Sin embargo, se basa en el *do*; es decir, en la escala de *do*, el fundamento de la escala más sencilla. El *do* somos nosotros, los recursos que llevamos dentro, el proceso, la complejidad potencial, el paso adelante.

01 02 03 04
05 06 07
08 09 10 11
12 13 14 15
16 17 18 19
20 21 22
23 24
25 26
27 28 29 30
31 32 33 34
35
36 37 38 39 40
41 42 43 44
45 46 47 48
49 50 51 52 53

MALAS INFLUENCIAS

En cierta ocasión, durante una estancia en
Shanghái, decidí que realizaría un movimiento
sencillo cada día; elegiría al azar una combinación
del *I Ching* (el libro chino de la adivinación) y la
convertiría en el paso que diese. Tomé nota del viaje
diario al que me llevó este proceso. Hubo veces en
las que mis observaciones fueron prosaicas: patatas
fritas con sabor a cangrejo, los *Greatest Hits* de
Robbie Williams, trozos de cristal en una pared;
sin embargo, en otras ocasiones se volvieron
filosóficas: una máquina alquímica aplastada,
orientación metafísica urbana (OMU).

El truco era que el *I Ching* solía darme algo
que no quería, que me desconcertaba, pero,
como estaba encerrado en mi proceso acordado,
mi *do*, tenía que hacer algo con aquellas malas
decisiones.

La dificultad me llevó a realizar movimientos
hacia delante.

Se trata de un sencillo recordatorio de que
formamos parte indisoluble de la realidad.

Tal vez crea que no dispone de las mejores
oportunidades —la peor oficina, un equipo
de grabación poco sofisticado, unos vecinos
terribles, etc.—; sin embargo, eso es lo que
conforma su realidad. Si piensa en esos
elementos como en piezas de un sistema modular
que activa a diario, se acabarán convirtiendo
en creatividad con el paso del tiempo.

Cuanto más teorice sobre la creatividad,
más se le escapará.

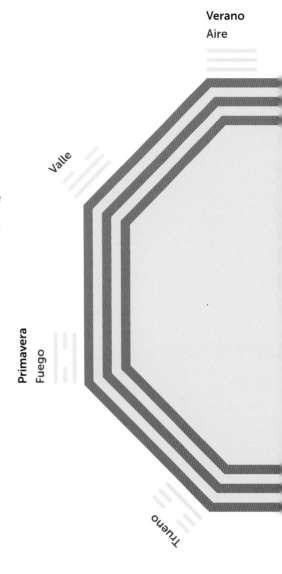

Verano
Aire

Valle

Primavera
Fuego

Trueno

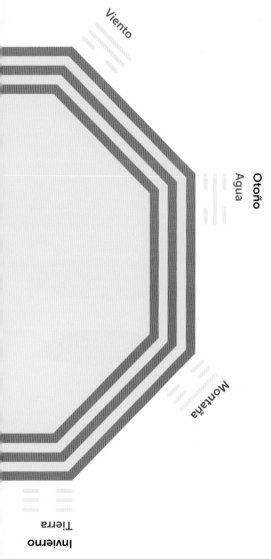

Viento

Otoño
Agua

Montaña

Tierra
Invierno

✛ EJERCICIO

Haga una lista ahora de lo que vea exactamente; todos los ángulos de su realidad negativa.

Pruebe a hacerlo a lo largo de los próximos 30 días. Ahonde en la suciedad, en el lado oculto, en las grietas.

Cartografíe el territorio de su empobrecimiento y vea qué obtiene.

Haga un esquema de lo que le falte. Llene algunos folios con palabras sencillas: FALTA DE OPTIMISMO, DIFICULTAD, BASURA, MALAS INFLUENCIAS, y cotéjelas en el suelo. Cuando observa esas alarmantes palabras, ¿qué ve?

¿Qué podría hacer para disipar esas preocupaciones?

¿Existen oportunidades creativas o conexiones que permitan hacer cambios con relación a sus sentimientos negativos?

Establezca conexiones como telas de araña entre estas palabras, transformando BASURA en RECICLAJE.

Si experimenta vergüenza al hacer algunos de estos ejercicios, no rechace la sensación; permanezca con ella: es el desasosiego que acarrea hacerse visible.

Le garantizo que se trata de algo que nunca dejará de sentir: exponerse es clave para ser creativos.

Así que empiece a jugar con ella, trabe amistad con esta nueva visibilidad, vuélvase hacia ella poco a poco hasta entablar un diálogo.

Forma parte de su ser.

HERRAMIENTAS

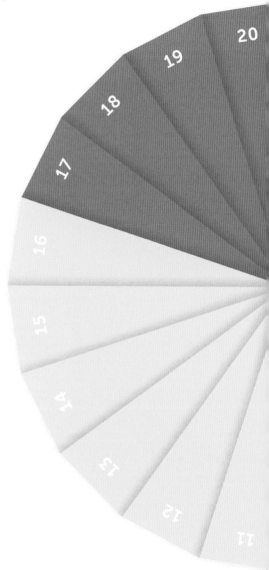

13

Estar «preparados» es un estado mental útil, ya que nos permite ser una suerte de red que capta ideas, como si pudiéramos recoger datos o señales de radio. Esta acción implica medios sencillos, no es sofisticada y puede lograrse con facilidad: basta con, por ejemplo, poner el cuaderno de lado o reducir el tamaño de una página.

En lugar El piano preparado de John Cage es un buen ejemplo de esta técnica: la aplicación de alteraciones menores sobre un clásico (pianoforte) para lograr resultados de percusión.

14

El cuerpo es un útil recurso que nos permite ir más allá del ego para llegar a un lugar más amable, sólido y pragmático. Use su cuerpo como parte de su kit de herramientas para que le ayude a tomar decisiones. No se olvide de que también es un dispositivo portátil.

En lugar de buscar inmediatamente las respuestas en la tecnología, utilice la idea de «mantenrse ahí», tomando la decisión de escuchar a su propio cuerpo, su propia intuición.

El cuerpo en sí es tecnología.

15

Hay algo mágico en los primeros (o los últimos) pensamientos; cuando no comprendemos exactamente lo que estamos haciendo, hay veces en las que podemos ir más allá de la lógica y alcanzar el espacio creativo.

Regrese a sus notas originales – improvisaciones, palabras anotadas en las páginas– para comprobar que no se haya perdido nada al pasar de la idea original al producto final. ¿Qué falta?

Trate de olvidar las reglas que tanto trabajo le han costado dominar.

16

No piense que la creatividad se encuentra «ahí fuera», lejos de su alcance: está en su interior.

La exposición es clave para ser creativos: es algo que no cambia con la experiencia. Siempre se verá en medio de un lío, avergonzado y con sentimientos complejos. En lugar de enfrentarse a esta experiencia, transfórmela en una herramienta. Recuérdese a diario que tiene una responsabilidad con su creatividad.

Puede cambiar las cosas.

PARA APRENDER MÁS

LECTURAS

Silencio: conferencias y escritos
John Cage (Árdora Ediciones, 2002)

Jack Kerouac y Allen Ginsberg: cartas
Jack Kerouac y Allen Ginsberg, editado por
Bill Morgan y David Stanford (Anagrama, 2012)

Letters from Linda M. Montano
Linda M. Montano, editado por Jennie Klein
(Routledge 2005)

Música experimental, de John Cage en adelante
Michael Nyman (Documenta Universitaria, 2008)

I-Ching or Book of Changes
Traducción de Richard Wilhelm y Cary F. Baynes
con prefacio de C. G. Jung
(Routledge & Kegan Paul, 1951)

OTROS MATERIALES

The Wire
Suscríbase a *The Wire*, una revista mensual dedicada
a la música *underground* y experimental. También
puede oír el programa semanal que emiten en
la Resonance FM de Londres.

FORMACIÓN

The Tanks at Tate Modern, Londres, Reino Unido
Los tanques subterráneos son la instalación
original de almacenamiento de petróleo de los
tiempos en que la Tate era una central eléctrica en
funcionamiento. Visite el espacio para centrarse
en las *performances* y en las obras ejecutadas en
directo. Los programas públicos de la Tate organizan
numerosos cursos vinculados a exposiciones
itinerantes. Apúntese a alguno de sus talleres.

VISITAS

Paterson
Haga un viaje a Paterson, en Nueva Jersey,
Estados Unidos, el lugar donde pasó la juventud
Allen Ginsberg. Mientras esté allí, imagine el tipo
de obra que podría hacer en la actualidad para
crear el equivalente a la de los escritores *beat*.
Si no puede permitirse hacer ese viaje, cree
con la imaginación un entorno propio en el que
se vuelva real esa situación. Asimismo, explore
los lugares relacionados con William S. Burroughs
(Tánger, Marruecos) y Jack Kerouac (Lowell,
en Massachusetts, Estados Unidos) para desarrollar
su creatividad.

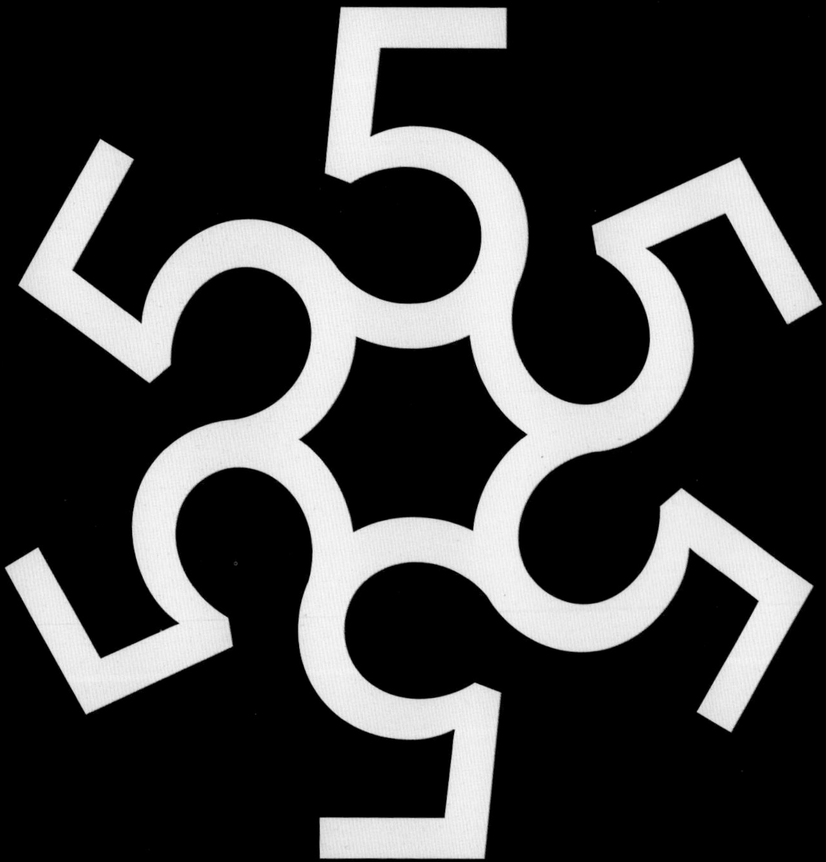

DESAFÍOS Y DIFICULTADES

LECCIONES

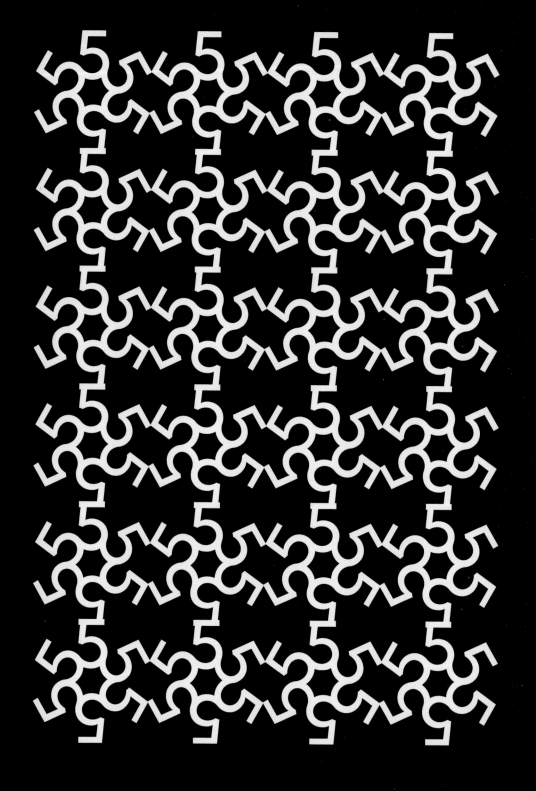

No «sienta el miedo»: es una idea que se ha convertido en un mero cliché. En su lugar, adopte el enfoque contrario y abrace todas las ansiedades: esa es mi filosofía.

He aquí el último capítulo del libro, que trata sobre los finales: esta sección gira en torno a la culminación de proyectos, a cerrarlos, a ponerles un punto final.

Por lo tanto, la pregunta es la siguente: ¿cómo concluir?.

Retomo un tema clave del libro: qué es lo que nos impacta.

Los finales, soprendentemente, son más complejos que los comienzos: cualquiera puede comenzar; aunque la página en blanco está ahí para que la abordemos, son pocos los creativos que pueden concebir y diseñar un formato con el que llevar a buen puerto su producto.

Sin un final, nos quedamos flotando, sin encontrar un centro, en una búsqueda sin fin: los finales nos brindan límites, estabilidad, rigidez. (Hay veces en las que lo único que nos hace falta es un poco de solidez).

Huelga decir que la dificultad de los finales es que su «carácter definitivo» suscita diferentes sentimientos en cada uno: vulnerabilidad, falta de confianza e incluso fragilidad. El punto final pone presión en la parte blanda que responde a la crítica personal.

Por lo tanto, los finales pueden desencadenar desafíos personales que nos pongan al límite.

Como en los otros capítulos de este libro, la solución pasa por explorar en detalle qué es lo que significa e intentar integrar el temor a los finales en su obra, haciendo que la duda y la conciencia pasen a formar parte del producto. Este enfoque siempre acentúa la complejidad.

No «sienta miedo»: es una idea que se ha convertido en un mero cliché. En su lugar, adopte el enfoque contrario y trabe amistad con todas las ansiedades: esa es mi filosofía.

EL FINAL

Aunque cueste admitirlo, destinamos una gran parte de nuestro tiempo y nuestra energía a finalizar los proyectos.

El comienzo es optimista, caprichoso, imprevisible y voluminoso, un lugar en el que todo es posible, mientras que los finales son difíciles, exigentes y depresivos; las posibilidades de inventar se limitan y nos vemos forzados a ofrecer un cierre prematuro.

Los finales implican sacrificio.

Cuando me enfrento a este desafío, me recuerdo a mí mismo que los finales forman parte de la vida.

Es algo que vemos en la naturaleza constantemente: el ir y venir de las plantas y los seres humanos. De hecho, la conclusión le da significado a nuestra vida.

Si se queda atascado con el final, pruebe el siguiente ejercicio, que es una traducción de la dificultad intelectual de poner fin a una pieza visual de proceso.

✛ EJERCICIO

Imagine con el ojo de la mente que se encuentra situado en un punto en el tiempo.

Puede ser una imagen: una pluma, una piedra, una palanca, una vaina, una roca, etc. Lo que le parezca adecuado en ese momento.

Ayúdese con el ejercicio de la «cámara interior»; recuerde que lo que hará será registrar lo que haya dentro en ese momento.

Vaya ampliando poco a poco esta sensación del yo más allá del instante de la dificultad, hacia delante, hacia un momento de disolución. Vea cómo se desvanece la habitación, las paredes se expanden, el cuerpo se vacía y los días se extienden. Pero también conserve la conciencia de su propia presencia en esta visión ampliada. La fluctuación del tiempo: la minúscula mota del problema actual.

Cuando regrese, escriba, desde esta versión ampliada del yo, situada en un universo mayor, hasta el yo más pequeño que tenía el problema original. «Querido diario...».

¿Por qué funciona este ejercicio?

Ayuda porque nos sitúa ante una idea más grande del mundo, no limitada por nuestro desafío específico. Su proyecto puede trocearse, adaptarse, revisarse o serrarse (como un árbol para hacer leña), porque todo está sujeto al cambio:

> **La página puede doblarse**
> **Las tijeras están a mano**
> **El vaso de agua se puede volcar**
> **Las páginas se pueden desechar**

Dado que los finales son tan enormes, con ecos de la finalidad que nos suenan hasta el infinito, resulta difícil afrontarlos. Este ejercicio nos recuerda que no pasa nada por interrogar a estas «muertes».

La creatividad es, de hecho, el cambio constante.

En mi escritorio tengo un trozo de obsidiana negra, un tipo de roca ígnea, con forma de rombo.

Cuando me enfrento a un final, lo sostengo y siento filtrarse en mi mano y en mi cuerpo la estructura temporal más antigua de su creación.

Es un eco consciente de una idea procedente de la PNL (programación neurolingüística), de la idea de los «anclajes». Según esta técnica, un objeto o una sensación táctil pueden desencadenar una emoción prefigurada que nos ayude en un momento de dificultad. Así, por ejemplo, si aprieta la palma de una mano con el índice de la otra, esto tal vez le suscite una sensación de solidez.

Este método resulta de especial utilidad para contrarrestar la inestabilidad que provocan los finales. Las piedras suelen ser útiles al proporcionar esta sensación de estabilidad, ya que su naturaleza es robusta y duradera. Se mantienen firmes.

UNA HERRAMIENTA PRIMITIVA

En un taller reciente, me puse a buscar un objeto para hacer un ejercicio con el grupo, pero no di con nada apropiado entre mis pertenencias. Sin embargo, mientras iba de camino al supermercado, siguiendo un sendero curvilíneo junto al lago que llevaba a un centro comercial y al cementerio local, me encontré una piedra que pensé que podría reunir las cualidades necesarias:

> **Dureza**
> **Primitivismo**
> **Peso**
> **Energía volcánica**

Tenía muchas de las «aristas» que intentábamos propiciar en aquel trabajo conjunto.

Por casualidad, también tuvo el sabor de los finales a causa de la presencia del cementerio de la iglesia, situado a las afueras de la ciudad; una experiencia de compra igual que la que podía haber tenido al otro lado de la autovía, pero esta vez de una naturaleza y escala de tiempo diferentes: la refutación definitiva.

La piedra me permitió tolerar esa visión más grande: me hizo esperar, mirar de una forma más completa, ver qué podía suceder, sentirme encarnado.

Estas soluciones «energéticas» de la PNL y las piedras pueden parecer poco prácticas para el dinámico mundo moderno de las empresas.

Sin embargo, quédese con la idea. A menudo nos atascamos por seguir rutas muy familiares de esfuerzo creativo, la forma establecida de hacer las cosas. Integrar el instinto de esta manera nos obliga a reevaluar nuestra contribución.

De otro modo, lo único que hacemos es reciclar un cliché.

Si cree que es ese su caso, trate de sustentar sus propias respuestas instintivas prohibiéndose el acceso a los medios de comunicación durante 24 horas o, si puede, más tiempo. No visite ninguna página web de noticias ni encienda la televisión. En este espacio vacío, entregado con gusto, ¿qué puede ver en realidad?

En esta nueva era de autodescubrimiento, ¿qué constituye un final apropiado?

> **¿Un mapa visual?**
> **¿Cientos de opiniones?**
> **¿Una única palabra?**
> **¿Una imagen?**

Los informes o la documentación final suelen ceñirse servilmente a una ruta establecida. Con sus nuevas ideas sobre el final, ¿puede descubrir algo que haga que su resultado resulte menos estereotípico?

✛ EJERCICIO

Busque un objeto que le aporte y añada solidez a su final.	¿Necesita peso, un objetivo, definición? ¿Tal vez blandura, vulnerabilidad, cambio?

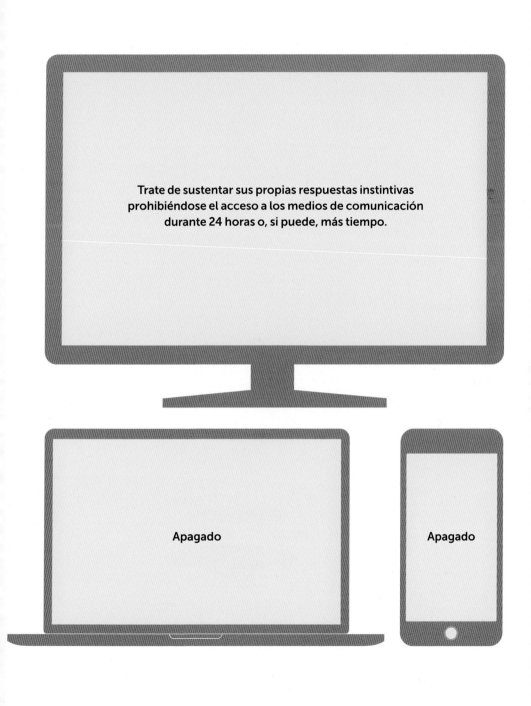

Trate de sustentar sus propias respuestas instintivas
prohibiéndose el acceso a los medios de comunicación
durante 24 horas o, si puede, más tiempo.

Apagado

Apagado

LA AUTOGESTIÓN

He dejado el consejo más importante para el último capítulo del libro.

Autogestiónese.

Es con esta palabra con la que resumo toda mi carrera creativa. Me explico: no espere a que nadie le ofrezca su aprobación. Hágalo ahora, sin demora. Haga que suceda.

¿Hace falta que añada algo más?

Hágalo ahora.

La autogestión es un potente vehículo con el que desarrollar nuestro potencial. Aunque el progreso pueda resultar complicado, nos impulsa la fuerza de nuestro propio yo y, además, evitará que nos enfrentemos al oprobio de otros.

En las lecciones anteriores le he animado a que explore su propio proceso. Tal vez logre incorporar todo lo dicho pero que en la confusión provocada por los finales se desprenda de toda esta conciencia, pues está demasiado ansioso por terminar, demasiado deseoso de sobrepasar la dificultad.

En ese momento tal vez se le pase la idea de traspasarle todo su poder a otra persona.

Es una característica innegable de la creatividad individual que en el último tramo a menudo nos demos por vencidos y no podamos completar el trabajo. Hay veces en las que nuestro proyecto nos parece demasiado abrumador, demasiado complejo.

Decimos cosas como estas:

> «Dame algo de dinero, por favor»
> «Da salida a mi trabajo»
> «Encárgate de mis finanzas»
> «Conviértete en mi representante»

Le ruego que no sucumba a esos impulsos; autogestiónese.

Son renuncias hacia sí mismo; juegos de manos que parecen mejorar la situación, pero que, a menudo, no sirven para gran cosa. Son nuestra propia voz, nuestras manos, nuestra visión, nuestros pensamientos y nuestros pasos los que pueden cambiar la situación.

Lo diré una vez más para subrayarlo: autogestiónese. No existe una actitud más magnética que la que se define por el:

> **Puedo hacerlo**
> **Puedo asumir un riesgo**
> **Dispongo de los recuersos personales**
> **Puedo hacer que funcione**

Son poderosos comportamientos que nos hacen identificarnos con nosotros mismos y que, por su entusiasmo, atraen a otras personas.

Cuando he iniciado y realizado proyectos basados solo en mi propio gozo, sin recurrir a patrocinadores, alimentados por mi propia energía y mi honestidad, siempre han sido los más exitosos.

La autogestión es un potente vehículo con el que desarrollar nuestro potencial. Aunque el progreso pueda resultar complicado, nos impulsa la fuerza de nuestro propio yo.

UNA PARED VACÍA

El resultado es importante, ya que hace que nuestra práctica avance. Incluso si se trata de un lanzamiento pequeño, de decenas de ejemplares, debe anunciar públicamente las versiones.

Si es artista, publique su obra en pequeñas tiradas de folletos fotocopiados, de cuatro páginas o menos, y distribúyalos gratis en cafeterías y salones recreativos urbanos. Véndalos a las puertas de conciertos; o intercámbielos, negocie.

Así fue exactamente como empecé mi trayectoria en la publicación: no con ediciones de miles de ejemplares, sino con ediciones portátiles de bajo coste que podía llevar siempre conmigo. Me inspiré en el ejemplo del artista Keith Haring, que comenzó su carrera en el metro de Nueva York, dibujando con tiza sobre los paneles negros vacíos, los espacios que había en las paredes sin anuncios. (A Haring lo encarcelaron a menudo por vandalismo). Recuerdo que años más tarde, visitando una galería de París, me encontré por casualidad con sus dibujos de Mickey Mouse: imágenes que han permanecido conmigo, en los márgenes de mi memoria durante mucho tiempo.

Esta actitud emprendedora siempre me ha llevado a fijarme en lo que los demás no miran, a poner mi atención en los espacios encontrados, en el borde de lo que se ve; lo ilegítimo se vuelve legítimo una vez que alguien lo reclama. Así que sea rápido y deje su marca.

+ EJERCICIO

Busque espacios que puedan dar pie a una intervención.

No busque el lienzo más grande y visible, sino un lugar disponible al que pueda llegar al instante:

> **Una papelera**

> **Su ventana delantera**

> **Una pared vacía**

> **Su propia mano**

Siempre me ha inspirado la obra de Cildo Meireles titulada *Inserciones en circuitos ideológicos: Proyecto Coca-Cola* (1970), que consiste en unas botellas comunes del burbujeante refresco en las que reinscribió declaraciones incendiarias y puso de nuevo en circulación. En mi opinión, se trata de una forma genuina, divertida y explosiva de abordar la cuestión de la producción en masa que caracteriza la economía occidental. La idea de enfrentarse a una potencia corporativa y derrocarla resulta graciosa a la vez que emocionante.

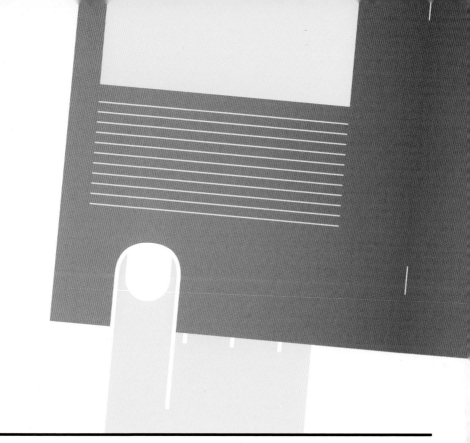

La lección que se extrae de la autogestión es que no siempre hay que esperar a que se nos conceda permiso. Hay proyectos en los que no habrá nadie que apueste por nosotros. En lugar de esperar, irrumpa de una forma inusual y oblicua.

Niéguese a verse atrapado por formas predeterminadas de producción: la «buena» calidad suele ser una forma de control. Si es necesario, fotocópielo, o grábelo en vídeo a baja resolución (lo que tenga a mano).

Lo que sea con tal de darle salida ya.

Estas estrategias le colocarán en una posición marginal, dispuesto a arriesgar su propia creatividad y a no disculparse por ser visible.

Pero tenga cuidado. Si decide autogestionarse por completo, no tendrá representante, galería ni editorial que le protejan. La mejor forma de protegerse suele ser la de jugar al escondite valiéndose de estos elementos:

> Visibilidad total
> Anonimato
> Paso al frente
> Identidad colectiva
> Disfraz

A medida que se sumerja en la autogestión, es buena idea quedarse con el 10 % del proyecto en sus manos, a modo de pequeña sombra a la que retirarse si la situación se complica.

Ese 10 % puede salvarle la vida.

LA CREATIVI
DE HECHO,
CONSTANTE.

DAD ES, EL CAMBIO

EL FINAL Y EL CAOS

Una forma de seguir adelante es convertir los finales en un acto creativo.

Acepte que el resultado será conflictivo y esté preparado para adaptarse hasta el último minuto. De esta forma, los finales no le acorralarán y, además, podrá mantener la resolución y estar preparado para cambiar. Pruebe a hacerlo de este modo:

+ EJERCICIO

Tome cualquier documento en el que esté trabajando en la actualidad e imprímalo en distintos papeles de colores. No piense demasiado el color de cada uno. Confíe en que dará resultado.

Después, coloque las páginas impresas de modo que queden agrupadas por colores en lugar de por el orden correlativo de la impresión.

No se preocupe si no le encuentra sentido a lo que ve.

Por ultimo, observe los grupos de colores. Al pasar de una página de un color a otra del mismo, al leer frases que no se concibieron para estar unas junto a otras, ¿percibe algo?

¿Le encuentra sentido a la falta de sentido?

¿Le brinda una nueva lectura?

Este ejercicio funciona restándole parte de la inevitabilidad a los finales y convierte a esta en un juego. Con esta técnica de los colores, se yuxtaponen elementos que no guardan ninguna relación formal previa, por lo que nos mantenemos en un estado fluido y evitamos la solidificación.

Las cosas aún pueden cambiar; hacemos un pacto con nosotros mismos para que puedan seguir cambiando.

Esta irrupción de la confusión, sobre todo al final de un proyecto, subvierte los finales pulcros que pueden anticiparse y nos lleva sin rodeos al final.

Esta interrogación al caos del final con nuestra propia confusión elegida es de gran utilidad.

He dejado de buscar respuestas inteligentes en los finales; me parece que el último tramo de un proyecto, el 2 % final, es desestabilizador, extraño, poco empático, desordenado. Ya acepto que no puede ser de otro modo; he dejado de vivir en la fantasía de los finales reveladores.

De hecho, si hay un mensaje central en este libro, es este: abandone la ilusión de la creatividad. En lugar de seguir con ella, aborde lo que tenga a mano. Esto también se aplica a los finales. Aborde lo que ya tenga; despídase de la obra y siga adelante.

Libérese del caos.

Mi propia trayectoria creativa está repleta
de proyectos abandonados, pequeñas
ideas que no dieron fruto, o trabajos
terminados que no se llegaron a editar.
Es un desguace de automóviles viejos, objetos
que ya no funcionan y que se desmontan
para usarse como chatarra.

Tengo varias carpetas en mi escritorio
en las que voy metiendo estos proyectos:
«Elastic», «The Walk Tower», «Experiment 1»,
«Datalog for Cheops»; algunas contienen ideas
muy útiles, mientras que otras están, de hecho,
vacías. Son como desechos, los resultados
de un proceso que no funcionó.

Pero, por supuesto, tienen una función;
alimentan la creatividad al proporcionar una
tierra fértil, un terreno a partir del cual crecen
cosas.

Ocasionalmente, me sumerjo en estos
archivos y extraigo una palabra, o una idea,
que se pueda integrar en mi trabajo actual,
un vórtice suelto entre lo nuevo y lo viejo.

La creatividad es un «experimento elástico»,
una zona en evolución en la que no siempre
tienen vigencia los duros límites de la lógica.

LA CUEVA DE ALADINO

El miedo a los finales puede verse disipado por estos procesos: use el enfoque experimental para conservar la elasticidad y la flexibilidad.

Esta aleatorización de lo viejo y lo nuevo, una inmersión en la cueva del inconsciente de Aladino, es una técnica de gran utilidad para concluir proyectos. Si no puede decidir en qué punto terminar, deléguelo en fuerzas externas:

> **La naturaleza**
> **Otras personas**
> **El azar**
> **Los finales rápidos**

Así, pondrá en contacto el horror del final con su propia confusión; haga que forme parte de la propia creatividad.

Hace poco me encontré en el metro de Londres un ejemplar abandonado de *El guardián entre el centeno*, de J. D. Salinger, la edición con la cubierta plateada que hizo Penguin en la década de 1970. J. D. ejerce un cierto influjo en esta versión de *Ser creativo*, ya que aparece varias veces a lo largo de la redacción del libro. Tomé el descubrimiento como una señal de que había algo importante en este volumen.

Lo que me gusta de *El guardián entre el centeno* es el astuto socavamiento del clásico literario, como la versión irónica que hay en la primera página (del protagonista, Seymour) de la obra de Dickens.

Me encontraba estancado buscando un final para mi propio libro, así que probé con una vieja técnica y abrí el libro por una página al azar. Fui a parar a la página 117, otra desenfadada disquisición

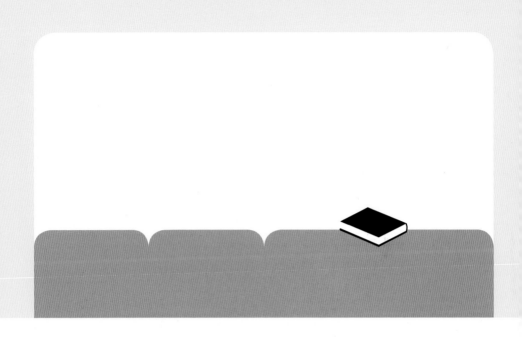

sobre el árido mundo de la literatura: *Romeo y Julieta*, de Shakespeare (no sin ironía, recordé que *El guardián entre el centeno* se encuentra hoy en día en la mayoría de las listas de lecturas obligatorias de los consejos examinadores escolares junto con la propia obra del bardo inglés).

¿Cómo podía integrar las iconoclastas opiniones de Seymour sobre *Romeo y Julieta* en la última parte de este proyecto?

Lo primero que hay que reconocer es que el hallazgo del libro ya me había llevado a un «viaje interior». En segundo lugar, estaba dispuesto a adoptar el descubrimiento de la novela como una herramienta, integrando mi propio «proceso», mi «cámara interior»: usé el libro, su brillante cubierta plateada, como un espejo en el que reflejar partes de mí mismo.

(Esta conciencia de mi propio proceso es ya una gran parte de la solución; la conciencia multiplicada por el proceso equivale a la creatividad, como ya se ha visto en el tercer capítulo del libro).

Si pensara en «Romeo» y «Julieta» como partes diversas de mí mismo en conflicto, «lo masculino» y «lo femenino», figuras arquetípicas, los personajes principales que tenían que reunirse para completar mi trabajo, entonces podría pensar en usar esa rivalidad como parte del proceso del final.

Huelga decir que *Romeo y Julieta* no versa sobre la unión, sino sobre la desinformación y la muerte.

Acaso vivir con confusión sea necesario para el proceso creativo.

Hay veces es las que, sencillamente, no resulta.

DESPÍDASE

Es necesario despedirse del trabajo creativo para poder darle un significado.

La salida despiadada que es el libro/actuación/grabación/exposición nos obliga a dejar atrás nuestras ideas y a seguir adelante. Aunque tal vez no estemos listos para hacerlo y que incluso protestemos, en última instancia, es bueno para nosotros.

Sin un final, nos veríamos encerrados para siempre en el hacer. La puerta cerrada, de un portazo, tiene su lugar.

A menudo, mantenemos un proyecto en movimiento con varias bolas de malabarismo para evitar una salida abrupta. Si la creatividad es el «yo», el final es la «muerte» del proyecto: un cierre que llega pese al hecho de que nuestra idea pueda no haberse desarrollado adecuadamente o no ser precisa.

Debemos vivir con el proyecto «incompleto», «suficientemente bueno».

En la mayoría de los casos no hay finales de cuentos de hadas; hay veces en las que no llegamos a explorar todo el potencial de nuestro trabajo. Debemos continuar a pesar de las expectativas incumplidas, de la pérdida, y dejarlo atrás.

Sin embargo, no se olvide de lo que hemos dicho sobre la modularidad de la creatividad: dentro de este contexto, existen «éxitos» y «fracasos». La naturaleza rizomatosa del proceso hace que, tarde o temprano, después de una «pérdida», llegue otro «éxito».

Debemos tomarnos esos tiempos tranquilos de «pérdida» con calma y seguir adelante.

Las olas de la creatividad (¿recuerda que las mencionamos en el primer capítulo del libro?), que pueden tener lugar cada día, ponen a prueba nuestra humildad abocándonos al fracaso, solo para desafiar nuestra capacidad más profunda.

Si podemos capear el temporal, podremos considerarnos artistas.

De hecho, no es mala idea rezarle a los dioses del fracaso.

Nos centramos tanto en el éxito −ese brillante e ilusorio objeto de deseo− que de vez en cuando es bueno celebrar nuestra derrota, nuestra falta de habilidad, nuestra melancolía o nuestra mala fortuna.

En algunas culturas, en lugar de intentar erradicar las plagas de hormigas que no dejan de acechar a los alimentos, les ponen a los insectos su propia comida lejos de la casa para apaciguarlos. Parece lo más adecuado: los viejos dioses del sintoísmo, del bosque, de la luz, participan en nuestras celebraciones y lloran nuestras pérdidas.

Si no ha triunfado, no se preocupe tanto: mañana será otro día.

CON OJOS NUEVOS

Lo principal es poner el corazón y el alma en el trabajo. Lo admito: es más fácil decirlo que hacerlo.

A lo largo del libro hemos visto cómo evitar el cliché, el hábito y las fórmulas, rutinas que nos impiden trabajar de una forma auténtica o precisa. Si se queda con algún elemento del libro, intente y véase con ojos nuevos.

Es algo que puede hacerse con pequeños gestos.

Practique todos los días; para ello, ensaye finales personales:

> Cierre la puerta de su despacho
> Apague el ordenador
> Tire la página a la papelera
> Suelte el mando de la televisión

Hágalo con la intención expresa de poner un punto final, de forzar un final, expresando la necesidad de llegar a una conclusión imprevista.

Se trata de una forma de practicar los finales. No el gran discurso de aceptación de un galardón de Hollywood que pudiera estar ensayando en su cabeza, sino una nota más pequeña para sí mismo:

> Ha salido bien
> He sobrevivido
> He aprendido algo
> He sacado mucho en claro
> He transcendido mis límites
> Ha sido coherente

A menudo, en situaciones de cara al cliente, en el momento de terminar me interrogo y me permito hacer unas pequeñas comprobaciones.

¿Qué he aprendido de esta situación?

(Puede que la respuesta no guarde relación alguna con la calidad ni con el éxito del proyecto).

¿Qué he aprendido de mí mismo?

Así las cosas, tras completar el círculo, volvemos al proceso, a esa pequeña palabra que sobrevuela gran parte de este libro como si fuera un paraguas de un brillante amarillo.

¿Qué saca en claro?

✛ EJERCICIO

Anote ahora en su cuaderno lo que pueda extrapolar de este capítulo.

¿Se trata de un sentimiento? ¿De una palabra? ¿Qué percibe con su «cámara interior» de la lectura de este libro?

Tal vez sea el momento de evocar metáforas relacionadas con el viaje para hablar de las dificultades y el éxito. Incluso podría hablar de las montañas y las ambiciones. ¿Qué función desempeñan? La de hacernos comprender que hay cosas que ni nosotros podemos conquistar.

No las ambiciones de logros brillantes y sin fin, sino la modestia de seguir adelante.

Un paso detrás de otro. La práctica diaria del cuaderno, las metodologías, el proceso, el diálogo y el bolígrafo. Pese a que tal vez no respondan a las fantasías que pueda albergar sobre la creatividad, son cosas que se pueden lograr.

Es una práctica real, ambiciosa, compleja y sostenible.

Le animo a que permanezca consigo mismo como la única fuente de creatividad: esta no se encuentra por ahí, sino dentro de nosotros.

Somos el receptáculo de todo lo creativo.

HERRAMIENTAS

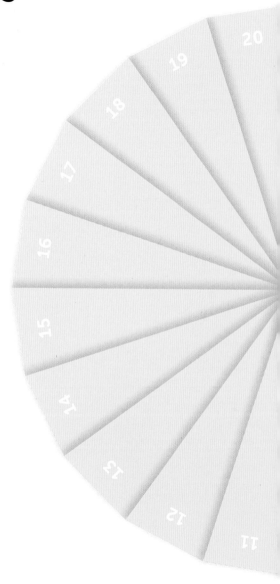

17

Los resultados son necesarios para desarrollar nuestra propia creatividad, incluso si los finales resultan torpes, incompletos. Para poder seguir adelante, para crecer, hay que dejar cosas atrás.

Estos finales tienen el poder de recordarnos nuestra propia finitud, por lo que evocan sentimientos complejos. No son el mero resultado de los proyectos, sino que desencadenan emociones arquetípicas.

Aunque dé la sensación de que «todo» se ha «acabado», no es más que otra forma de comienzo.

18

La autogestión es una forma de recuperar el control y dirigir nuestros propios resultados. Nos permite no tener que rendir cuentas ante nadie. El poder de decir «puedo hacerlo» o «puedo venderlo» es inestimable; la autogestión nos puede cambiar la vida.

No espere a que le den permiso. Póngase a ello sin más.

A pesar de trabajar con formatos primitivos y obtener resultados mínimos, podrá percibir los avances.

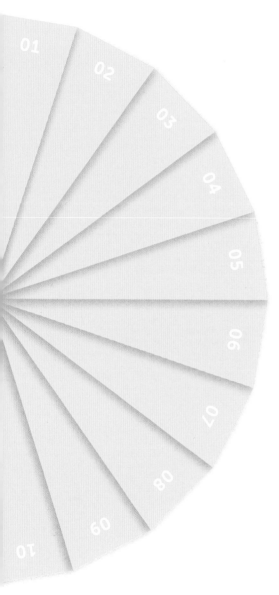

19

Aunque el final sea confuso, debemos ponerlo cara a cara con nuestro propio caos creativo tijeras en mano. Acepte que el resultado será conflictivo y esté preparado para adaptarse hasta el último minuto.

Los viejos cuadernos suelen ser fuentes de inspiración que nos ayudan a desbloquearnos. Hojee un libro o acérquese a otra influencia que tenga un carácter muy diferente del material con el que esté trabajando. Integre información cromática o imágenes visuales para acelerar el cambio.

20

Debe despedirse de la obra para poder seguir adelante.

Viva con el proyecto «incompleto», dele salida a la idea y déjela atrás. Esta salida abrupta, esta ausencia de fantasías de cuento de hadas, es necesaria para la creatividad. No todas las ideas alcanzan el éxito en su totalidad.

Siga adelante.

Explore por igual el fracaso y el éxito; son sus objetivos gemelos: cada uno cuenta con su propia fórmula con la que ayudarle en su marcha.

PARA APRENDER MÁS

LECTURAS

Extreme Metaphors: Selected Interviews with J. G. Ballard, 1967-2008
J. G. Ballard, editado por Simon Sellars y Dan O'Hara (Fourth Estate, 2012)

Milagros de vida: una autobiografía
J. G. Ballard (Mondadori, 2008)

Contra natura
Joris-Karl Huysmans (Tusquets Editores, 1980)

El guardián entre el centeno
J. D. Salinger (Alianza Editorial, 2006)

Mrs. Dalloway
Virginia Woolf (Plaza & Janés, 1998)

FORMACIÓN

Birkbeck, Londres, Reino Unido
Cursos cortos nocturnos en Birkbeck, University of London, Departamento de Inglés y Humanidades. Están centrados en la investigación cultural y en los debates interdisciplinarios.

EXPERIMENTOS

Adquiera alimentos negros
Adopte el enfoque del clásico decadentista *Contra natura*, de Huysmans, y acérquese a lo contrario de lo esperable (Huysmans sugiere un banquete de comida negra). Al alinear su creatividad con lo contrario de lo que es evidente, puede obtener algunos resultados sorprendentes, el giro esencial que le otorgue ventaja en el mercado a su producto.

VISITAS

Foyles
Dese una vuelta por las secciones de arte y arquitectura de la londinense Foyles Bookshop. Eche un vistazo, compre algo o limítese a curiosear. Haga lo mismo en cualquier librería local. La idea es que se llene de inspiración y absorba el entorno visual.

Magma
Esta tienda independiente está especializada en diseño, pequeñas ediciones y revistas.

EPÍLOGO

La introducción de este libro se centra en la presencia de la palabra *ser* en el título, un estado natural de creatividad que todos poseemos: la curiosidad y la disposición al juego son herencia de nuestra infancia. Es algo a lo que todos podemos acceder a diario.

También nos hemos ocupado de la «cámara interior», del proceso, como una forma de acceder a la creatividad. Es un enfoque que guarda relación con mi posición junguiana: intento hacer crecer la vida interior, la conciencia.

Pero, al acabar, también he de señalar que el mundo exterior tiene la misma importancia: la creatividad reside en la acción. Nuestro estado creativo innato debe activarse y usarse con regularidad para que se pueda desarrollar.

Recuerdo la afirmación de J. G. Ballard de que ninguno de los personajes de las novelas de Virginia Woolf nunca echa gasolina en los automóviles que conduce. Lo que quiero decir es que no basta con pensar solo en nuestro interior; hay que mirar también al mundo exterior, a todo lo que nos rodea. Anote los detalles de su vida exterior cuando se tope con ellos.

En el siglo xx (después de Freud y la llegada del psicoanálisis), nos concentramos en gran medida en el espacio interior, pero hay todo un mundo de experiencias ahí fuera que tenemos que cartografiar y registrar. Si, por ejemplo, pudiera describir un viaje a un supermercado contemporáneo para comprar un paquete de cereales para el desayuno, con toda su hiperrealidad moderna, o la inserción de una tarjeta bancaria en la ranura de la pared, con sus connotaciones corporales concurrentes (dar un paso atrás y verlo tal como es, por un momento), podría ser verdaderamente creativo.

De hecho, es en la colisión de estos dos ámbitos —la realidad interior y la conciencia de lo exterior— donde reside la creatividad.

Al releer el libro, también me sorprende cómo los artistas de mi propio pasado —John Cage, Shunryu Suzuki, J. D. Salinger— ejercen de «personajes». Como si fuera una obra de teatro, van saliendo y entrando de mi propio teatrillo de juguete.

Me alegra haber adoptado este enfoque. Muchos de los libros dedicados a la creatividad sugieren una serie de principios, un conjunto

En el siglo XX (después de Freud y la llegada del psicoanálisis), nos concentramos en gran medida en el espacio interior, pero hay todo un mundo de experiencias ahí fuera que tenemos que cartografiar y registrar.

de reglas que deben seguirse. Por el contrario, he expuesto cómo se han desarrollado mis propias luchas con la creatividad, y no desde una posición omnisciente, sino poniendo los pies en el suelo para guiarme de una forma práctica.

Lo que sugiero con este enfoque polifacético es que todo aquello donde se pose mi vista o mi oído «es» mi creatividad. No es un mero solipsismo: puede decirse lo mismo de cualquiera.

Todo aquello que miremos «es» nosotros mismos, y, por lo tanto, nuestra creatividad.

Dele vida a sus propios «personajes». Tome nota de todo aquello que le llame la atención: ese puede ser su mantra. Recopile lo que vea y oiga.

El yo radical es su futuro.

El mundo de la creatividad no es una serie de principios abstractos matemáticos, datos que puedan aplicarse. La conforman nuestro entusiasmo, nuestra perseverencia, nuestra voluntad y nuestra singularidad. Si desarrollamos nuestro propio yo, nuestra creatividad florecerá por sí sola.

Es este el camino que debe seguir al final del libro. Buena suerte.

NOTAS

CONSTRUIR +
LLEGAR A SER

DISEÑADO PARA HACER PENSAR

Comprender el comportamiento de las personas ayuda a mejorar nuestras capacidades comunicativas y a juzgar mejor la motivación de los demás.

La creciente velocidad de la comunicación hace que sea más importante que nunca entender los sutiles comportamientos que subyacen a las interacciones diarias. Rita Carter analiza los signos que revelan los sentimientos e intenciones de las personas y explica cómo influyen en las relaciones, en las multitudes e incluso en el comportamiento de la sociedad. Aprenda a usar las herramientas de influencia de los líderes y reconozca los patrones fundamentales de comportamiento que dan forma a nuestro modo de actuar y comunicarnos.

Rita Carter es una galardonada escritora médica y científica, conferenciante y moderadora de programas en televisión que está especializada en el cerebro humano: en lo que hace, cómo lo hace y por qué. Es autora de *Mind Mapping* y ha organizado una serie de conferencias científicas de carácter público. Vive en el Reino Unido.

COMPRENDA EL COMPORTAMIENTO. COMUNÍQUESE CON DESTREZA.

La filosofía es una de las mejores herramientas de las que disponemos para hacer frente a los desafíos del mundo contemporáneo.

Desde las filosóficas «habilidades interpersonales» hasta las preguntas éticas y morales sobre nuestras elecciones en cuanto al estilo de vida, la filosofía nos enseña a formularnos las preguntas adecuadas, aun cuando no tiene por qué contener todas las respuestas. Este libro, que cuenta con ejemplos extraídos de los grandes filósofos de la historia y de los pensadores actuales más pioneros, le enseñará a pensar de un modo profundo y distinto.

Adam Ferner ha trabajado en el ámbito filosófico académico tanto en Francia como en el Reino Unido, pero lo que más le gusta es la filosofía extraacadémica. Además de sus investigaciones académicas, escribe regularmente para *The Philosophers' Magazine*, trabaja en el Royal Institute of Philosophy y ejerce la docencia en escuelas y centros juveniles de Londres.

ABRA LA MENTE.
FILOSOFÍA PARA
LA VIDA CONTEMPORÁNEA

Vivimos más que nunca y, gracias a la tecnología, podemos alcanzar muchas más metas. ¿Por qué sentimos que tenemos poco tiempo? Valiéndose de los más recientes descubrimientos científicos y psicológicos, Catherine Blyth nos explica por qué el tiempo huye de nosotros y nos brinda las herramientas para recuperarlo.

Descubra por qué el reloj se acelera justo cuando queremos que vaya despacio, cómo manipular el tiempo y por qué todos erramos en su uso y su cálculo. Es posible vencer a los ladrones de tiempo. Restablezca su reloj corporal, reforme su rutina, aproveche el ímpetu y desacelere. Además de disfrutar más del tiempo, le permitirá usarlo de una forma más productiva.

Catherine Blyth es escritora, redactora y directora de programas de radio. Sus libros, entre ellos *The Art of Conversation* y *On Time*, se han publicado en todo el mundo. Escribe en publicaciones tales como *The Daily Telegraph*, *The Daily Mail* y *The Observer*, y ha presentado *Why Does Happiness Write White?* en Radio 4. Vive en Oxford (Reino Unido).

DEJE LAS PRISAS.
SEA MÁS PRODUCTIVO.

Nathalie Spencer expone los fundamentos científicos que explican nuestra idea, uso y gestión del dinero para permitirnos relacionarnos de un modo más sabio y grato con nuestras finanzas.

Desde el análisis de cómo las transacciones sin dinero en efectivo influyen en nuestros gastos y el desciframiento de los principios de por qué nos atraen las ofertas hasta la exposición de lo que significa en realidad ser un pronosticador eficaz, este libro revela cómo motivarnos para tener una mejor relación con el dinero y nos brinda herramientas esenciales con las que impulsar nuestro bienestar financiero.

Nathalie Spencer es científica conductual del Commonwealth Bank of Australia. Explora la toma de decisiones financieras y el uso de los conocimientos de la ciencia conductual para aumentar el bienestar económico. Antes de trabajar en el CBA, Nathalie lo hizo en el ING de Londres, ciudad en la que escribió regularmente para *eZonomics*, y en la Royal Society for the encouragement of Arts, Manufactures and Commerce, donde fue coautora de, entre otros títulos, *Wired for Imprudence: Behavioural Hurdles to Financial Capability*. Tiene una licenciatura en Comercio por la McGill University y una maestría en Economía Conductual de la Maastricht University. Nacida y criada en Boston, Estados Unidos, Nathalie ha pasado breves temporadas en Canadá, Alemania y los Países Bajos, y ha vivido en el Reino Unido durante más de tres años antes de mudarse a Australia, donde vive actualmente.

AHORRO E INVERSIÓN. IMPULSE SU BIENESTAR FINANCIERO.

Michael Atavar nos invita a abrir la mente, cambiar de perspectiva y dar rienda suelta a la creatividad. Cualquiera que sea su pasión, oficio u objetivo, este libro le guiará con destreza por el que camino que va desde la concepción de una idea brillante hasta su materialización, pasando por las delicadas etapas de desarrollo.

Aunque solemos tratar la creatividad como si fuera algo que no va con nosotros, de hecho, es algo de una increíble sencillez: la creatividad no es otra cosa que el núcleo de nuestro ser.

Michael Atavar es artista y autor de varios libros, entre ellos, cuatro dedicados a la creatividad: *How to Be an Artist*, *12 Rules of Creativity*, *Everyone Is Creative* y *How to Have Creative Ideas in 24 Steps: Better Magic*. También diseñó con Miles Hanson la baraja de cartas creativas «210CARDS». Da clases particulares, dirige talleres e imparte charlas sobre el impacto de la creatividad en individuos y organizaciones. www.creativepractice.com

INSPÍRESE.
LIBERE SU ORIGINALIDAD.

Gerald Lynch explica los desarrollos tecnológicos más importantes del mundo contemporáneo y examina su impacto en la sociedad y el modo en que en última instancia podemos servirnos de la tecnología para alcanzar todo nuestro potencial.

Desde los sistemas de transporte sin conductor que llegan a nuestras carreteras hasta los nanorrobots y la inteligencia artificial que lleva las capacidades humanas a sus límites, este libro presenta los conceptos tecnológicos más emocionantes e importantes de nuestra era, que le ayudarán a comprender mejor el mundo de hoy, mañana y las décadas venideras.

Gerald Lynch es periodista tecnológico y científico y en la actualidad ejerce de redactor sénior de la web TechRadar, dedicada a la tecnología. Anteriormente fue redactor de las webs Gizmodo UK y Tech Digest, y también ha participado en publicaciones tales como *Kotaku* y *Lifehacker*. Además, colabora con frecuencia como experto en tecnología para la BBC. Gerald formó parte del jurado del James Dyson Award. Vive en Londres.

PÓNGASE AL DÍA.
ACTUALICE SU FUTURO.

01
CONSTRUIR +
LLEGAR A SER

PRIMERAS IMPRESIONES

Todos tenemos ya la capacidad de leer los rostros; está incorporada en nuestro cerebro. Esta habilidad es tan importante que hemos desarrollado un sistema cerebral dedicado a la lectura facial, el cual funciona a una velocidad asombrosa. Antes incluso de que seamos conscientes de ver a una persona, un antiguo sistema cognitivo innato nos hace formarnos un complejo juicio sobre ella basado en la figura, la forma, las proporciones y las expresiones de su rostro. Este sistema decide primero si la persona nos resulta atractiva o repelente, y, luego, si es competente, confiable, extrovertida o dominante.

¿Reconoce esa sensación de desconfianza o repugnancia que brota cuando nos encontramos con un desconocido aunque se esté comportando de una forma impecable? Si no es el caso, se debe a que anula sus intuiciones aparentemente inexplicables acerca de las personas y prefiere concentrarse en formas más racionales de juzgarlas.

Reacción instantánea
(inconsciente):
una décima de segundo
Reacción consciente:
0,5-10 segundos

Ardor en las mejillas por la vergüenza

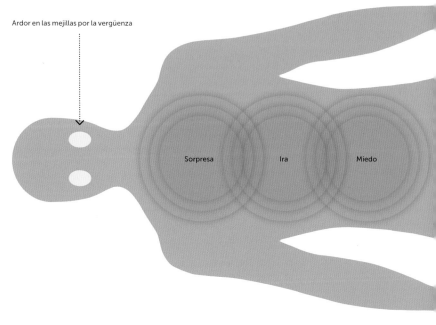

Sorpresa   Ira   Miedo

18

Las reacciones viscerales parecen salir de la nada y carecer de fundamento. No pueden evaluarse ni volver a comprobarse, y surgen como resultado de cálculos que no nos son accesibles: procesos de los que ni siquiera somos conscientes. No parece muy lógico prestarles atención.

Con todo, hay un motivo de peso para hacerlo. La capacidad de juzgar los rostros al instante, en gran medida de forma inconsciente, ha demostrado sernos tan útil que la evolución la ha escrito en nuestros genes. A pesar de ser nuestra principal estrategia para distinguir entre amigos y enemigos, es, como la mayoría de nuestras defensas innatas, bastante rudimentaria. Sin embargo, la lectura facial intuitiva ha permanecido en nuestros genes porque, por lo general, funciona.

Frente a un rostro desconocido, basta una décima de segundo para que nos hagamos un juicio bastante complejo sobre su propietario. Nuestro cerebro juzgará si la persona es digna de confianza, atractiva, simpática, competente, agresiva o pacífica.

¡Y todo esto sucede incluso antes de que seamos conscientes de haber visto a la persona! Aunque el rostro permanezca a la vista el tiempo suficiente como para permitirnos hacer un juicio consciente (de 0,5 a 10 segundos), es poco probable que nuestro juicio inicial cambie de forma significativa. La única gran diferencia es que nos dará más fiabilidad. Las primeras impresiones, además de rápidas, también son duraderas. Hablamos de «reacciones viscerales» porque nuestro tracto digestivo tiene una gran cantidad de tejido nervioso que reacciona con intensidad ante los acontecimientos emocionales. Las emociones también se sienten a través del cuerpo: piense en el ardor de las mejillas cuando se siente vergüenza, en las rodillas que se aflojan ante un presentimiento o en el temblor de manos por la ansiedad. Además, las reacciones viscerales son diferentes según la emoción que se experimente: el miedo suele sentirse en una zona bastante baja del abdomen, mientras que la ira se percibe más arriba, en el estómago o por encima de este.

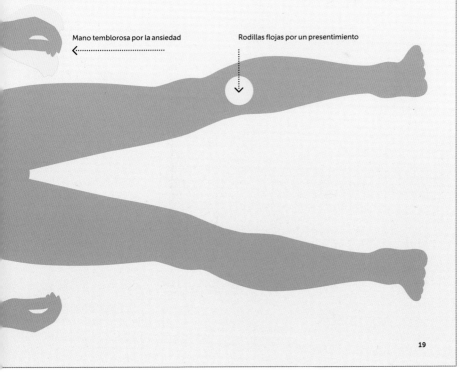

Mano temblorosa por la ansiedad

Rodillas flojas por un presentimiento

19

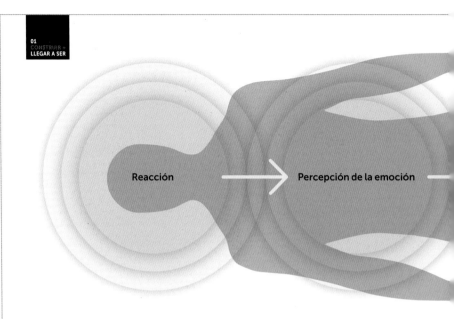

Reacción → Percepción de la emoción

LOS JUICIOS PREMATUROS

Hay mucha gente que se siente mal por hacer juicios prematuros. Nuestra sensación inicial hacia una persona tiende a ser fugaz y a verse con facilidad ahogada por la posterior avalancha de información que recibimos al interactuar con ella. Tal vez no percibamos un minúsculo aleteo de miedo o de atracción, o, si lo notamos, puede que lo descartemos sin darle importancia. Y es un error, uno que cometemos muchos y con frecuencia.

De hecho, es muy probable que los juicios que nos formemos al instante coincidan con los que se tengan al conocer bien a esa persona. No hace falta saber cómo funciona la lectura facial del cerebro para que esta funcione. Cuando conocemos a alguien, podemos mejorar nuestras habilidades naturales de lectura facial prestando atención a nuestros sentimientos y a nuestro comportamiento, así como a los de la otra persona.

Primero, familiarícese con sus emociones. Comience por percibir cuándo tiene una emoción que experimente físicamente: mariposas o un ceño

que se frunza de forma espontánea, por ejemplo. Los pensamientos emocionales no son más que brotes laterales de la emoción, y su núcleo es una alteración del estado corporal.

A continuación, identifique la emoción y póngale nombre. No se limite a las evidentes, tales como la alegría, la ira, el miedo, etc.; reconozca también los híbridos: la mezcla de miedo y euforia que experimentamos antes de subirnos a una atracción de feria o la combinación de tristeza y dulzura que es la nostalgia. Una vez que haya identificado la emoción que esté sintiendo, tómese un tiempo para examinar exactamente qué efecto físico experimenta.

Aunque las emociones suelen estar relacionadas con reacciones físicas concretas, todos tenemos nuestras ligeras diferencias, así que tendrá que aprender a identificar sus propias respuestas. En mi caso, por ejemplo, cuando tengo miedo, siento dos pequeñas zonas frías justo debajo de los pómulos. Tengo una amiga que dice que siente el miedo

20

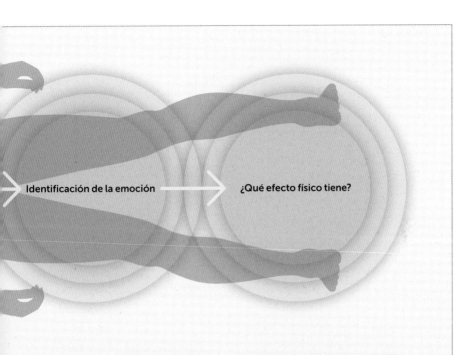

Identificación de la emoción ⟶ ¿Qué efecto físico tiene?

en los brazos. Ahora, escudriñe sus tendencias e inclinaciones. Hay personas que son muy sensibles a las amenazas, mientras que otras resultan extremadamente confiadas. Y las experiencias vitales, por ejemplo, el haber sido víctima de abusos a manos de una persona con un tipo concreto de rostro, pueden alterar las reacciones ante dicho tipo de rostro, incluso a un nivel inconsciente. Por lo tanto, aunque debe tener en cuenta sus reacciones, no debe pasar por alto estas tendencias: si sabe que suele experimentar miedo al ver a un desconocido, trate de anular su intuición un poco.

En un estudio, una serie de investigadores les pidieron a los participantes que evaluaran la competencia de un profesor a partir de un único fragmento de dos segundos de charla. Estos veredictos rápidos coincidían más o menos con los juicios de los estudiantes que habían sido alumnos suyos durante todo un trimestre. El mismo grupo puso de manifiesto que la capacidad de liderazgo de los jefes de empresa puede evaluarse de un modo sorprendentemente preciso con solo echar un vistazo a su fotografía. Pidieron a los voluntarios que observaran las fotos de los jefes ejecutivos de las 25 empresas primeras y las 25 últimas de la lista Fortune 1000 y que juzgaran hasta qué punto les parecía que esas personas podían dirigir una compañía.

Los resultados del estudio demostraron que las evaluaciones de los estudiantes sobre el potencial de liderazgo de los jefes estaban significativamente relacionadas con los beneficios de las empresas de estos. Y, lo que es más, los juicios instantáneos fueron más precisos que los de los altos directivos al evaluar a quienes realmente eran sus jefes.

21